Herbert Taschler
Fotografie: Udo Bernhart

Südtirol

Die junge Bergküche

CHRISTIAN

INHALT

VORWORT

Liebe Leserinnen und Leser,

neben der traumhaften Landschaft, der traditionsreichen Kultur im Land, dem gastfreundlichen Flair, der alpinen Bodenständigkeit und der südländischen Leichtigkeit ist die Küche sicher mit ein Hauptgrund dafür, dass sich so viele in Südtirol verlieben. Am Schnittpunkt zweier Esskulturen gelegen, ist es ein Land für den feinen und authentischen Genuss. Seine kulinarischen Gipfelsiege lässt es sich alljährlich in Gourmetführern und Wineguides bestätigen. Spitzenköche – regional verwurzelt, kreativ und mit experimentierfreudigem Weitblick – erweitern das Naturerlebnis Dolomiten um eine alpin-mediterrane Geschmackskomponente: hier die italienische Leichtigkeit mit Pasta und Fisch, Pizza und Gelato, da die Tiroler Bodenständigkeit mit Knödeln und Schlutzern, Krapfen und Strudeln. Knödel und Spaghetti haben es zu einer beeindruckenden Koexistenz geschafft und sorgen für spannende Kombinationen und viel Abwechslung. Dazu noch einen erfrischend-anregenden Südtiroler Spitzenwein im Glas – was braucht es mehr, um wunschlos glücklich zu sein?

In den vergangenen Jahrzehnten ist die Rückbesinnung auf die eigentlichen Werte – vor allem auf die lokalen Produkte der heimischen Landwirtschaft, auf Qualität und Originalität – in den Vordergrund gerückt. So wird die kulinarische Identität des Landes heute geprägt von einer kreativen, alpin-mediterranen und modern interpretierten Küche. Diese stellen wir am Beispiel von einigen jungen und jung gebliebenen Köchinnen und Köchen vor. Dabei haben wir – mit einer Ausnahme – keine Sterneküchen in diesen Band aufgenommen. Diese würden ein eigenes Buch füllen.

Quer über das ganze Land verteilt finden wir in Südtirol heute eine Generation von Köchinnen und Köchen, die Großartiges leisten. Ihre Gerichte überzeugen mit Charakter und Qualität, mit Einfallsreichtum sowie mit viel Gefühl für Ästhetik. Das beginnt schon im einfachen Buschenschank und Dorfgasthaus mit einer traditionellen Marende, zu der ein guter Speck, Käse von kleinen Produzenten, ein knackiges Schüttelbrot und ein frisches Glas Vernatsch gehören.

Wir bedanken uns bei allen Beteiligten an diesem Buch für die gute Zusammenarbeit und die bereitwillige Zurverfügungstellung der Rezepte. Herzlichen Dank an alle für die vielen kulinarischen Highlights, interessanten Begegnungen und gemeinsamen Erlebnisse. Wir wünschen auch Ihnen viel Spaß auf dieser Entdeckungsreise durch die neue Südtiroler Küche, beim Nachkochen und beim Genießen.

Herzlichst,

Herbert Taschler und Udo Bernhart

KULINARISCHE IDENTITÄT

Der Weg zur neuen Südtiroler Küche

Eine echte und traditionelle Südtiroler Küche im klassischen Sinn – gibt es die überhaupt? Eigentlich nicht. Südtirols Küche vereint das Beste aus drei Welten: die Bauern- und Arme-Leute-Küche, die altösterreichisch-böhmische Tradition und schließlich die Einflüsse der mediterranen und norditalienischen Küche.

Knödel, Nocken, Nudeln und Plentn

Knödel und Schlutzkrapfen, Bauerngröstl, Speck und Graukäse, Tirtlan und Krapfen – die beliebten Spezialitäten und Aushängeschilder der heutigen Südtiroler Küche waren einst die Gerichte der bäuerlichen Bevölkerung und der einfachen, armen Leute. Erdäpfel kamen in vielen Orten tagtäglich auf den Tisch, ebenso Polenta in weiten Teilen von Unterland und Überetsch. Knödel gab es in allen Variationen mehrmals die Woche, Fleisch meist nur an den hohen Feiertagen. Allein der Speck fehlte auch im Alltag kaum. Wichtig war, dass das Essen satt machte. Auf den Bauernhöfen wurde den ganzen Tag über hart gearbeitet. Ein kohlenhydrat- und fettreicher Speiseplan war unabdingbar.

Die ländliche Bevölkerung ernährte sich bis weit ins 20. Jahrhundert hinein von den lokal und regional verfügbaren Ressourcen. »Knödel, Nocken, Nudeln und Plentn zählen zu den vier Tiroler Elementen«, heißt es im Volksmund. Diese Vier bilden die Eckpfeiler der Hausmannskost, die in der bäuerlichen Koch- und Esskultur verwurzelt ist. Was Hof und Garten, Äcker, Felder und Wälder hergaben zur jeweiligen Jahreszeit sowie einfache Zutaten diktierten den Speiseplan. Jedes Dorf, jedes Tal pflegte dabei seine eigene Ess- und Wirtshauskultur.

Traditionelle Konservier- und Kulturtechniken

Das Überleben hing vielerorts von den Einflüssen der Natur und von der Witterung im Jahresverlauf ab. Hagel und Unwetter konnten eine Ernte schnell vernichten. Besonders die Winterzeit stellte die Menschen über Jahrhunderte hinweg vor große Herausforderungen. In den kalten Monaten mussten Selbstversorger in den Alpentälern mit den Vorräten an Ackerfrüchten, Milchprodukten und Fleischkonserven auskommen, die sie im Laufe des Jahres anlegen konnten. Daher mussten Fleisch, Gemüse und Obst durch Fermentieren, Räuchern oder Konservieren haltbar gemacht werden. Salzen und Pökeln von Fleisch, Einlegen mittels Essig- und Milchsäuregärung von Kraut und Gemüse, Fermentation und Gärung von Milchprodukten, Räuchern von Speck und Wurst, Trocknen von Brot, Obst und Gemüse, Kräutern und Gewürzen waren traditionelle Konservier- und Kulturtechniken, die heute zunehmend wiederentdeckt und neu wertgeschätzt werden.

Die Produkte der bäuerlichen Küche

Zu den traditionellen Nahrungsmitteln der bäuerlichen Küche zählten vor allem Gerichte auf der Basis von Getreide: Weizen und Hafer, Dinkel und Roggen, Buchweizen und Mais. Getreide bildete die Grundlage fürs tägliche Brot, das vielerorts drei- bis viermal pro Jahr in großen Mengen gebacken und dann getrocknet aufbewahrt wurde. »Altes Brot ist nicht hart. Kein Brot, das ist hart!«, lautete ein alter Spruch.

Getreide bildete aber auch die Grundlage für diverse Speisen, etwa für einfache Suppen wie die aus Mehl, Schweineschmalz, Salz und Wasser gekochte Mehl- oder Brennsuppe oder die mit Speck, Gerste und Gemüse zubereitete Gerstensuppe.
Neben Erdäpfeln wurden traditionell Gemüsesorten wie Kohl, Rüben und Fisolen genannte Bohnen angebaut. Einen hohen Stellenwert besaß der Weißkohl, der zu Sauerkraut und damit zu einem wichtigen Vitaminspender verarbeitet wurde.
Dank der verbreiteten Viehwirtschaft konnte seit jeher in umfangreichem Ausmaß auf Milch zurückgegriffen werden. Diese und daraus gewonnene Produkte wie Butter und Käse – vor allem aus Topfen verarbeiteter Graukäse und gereifter Almkäse – bereicherten den Speiseplan.
Fleisch wurde meist nur rund um die Schlachttage frisch zubereitet. Das ganze Tier wurde verwertet, nichts weggeworfen. Die Innereien kamen gleich auf den Tisch. Mit dem frischen Blut wurden Blutknödel und Blutnudel zubereitet. Der Rest wurde zu Räucherwaren verarbeitet, zu Speck und Würsten. Schweineschmalz diente in erster Linie als Kochfett.

Die gutbürgerliche Küche

Diese bodenständige Kost galt in weiten Kreisen des Bürgertums, in Klerus und Adelskreisen als zu deftig, einfach und rückständig. Die gutbürgerliche Küche des Landes orientierte sich an feineren kulinarischen Gepflogenheiten, vor allem an den Einflüssen aus der Donaumonarchie. Überregionale und internationale Spezialitäten und Delikatessen, südländische Früchte, orientalische Gewürze oder Getränke wie Kaffee und Tee blieben vorwiegend dem Bürgertum und dem Adel vorbehalten. Erste entscheidende Einflüsse übten auch die von Österreich besetzten Regionen Norditaliens aus. Die Tiroler Köchin Rosina Kastner veröffentlichte im Jahr 1844 ihr erstes »Vollständiges Tiroler Kochbuch für deutsche und wälsche Küche«.

Fusion und Verschmelzung

Nach den Wirren des Ersten Weltkriegs wurde Südtirol 1920 vom österreichischen Vaterland abgetrennt und kam zu Italien. Damit und vor allem in den Jahren nach dem Zweiten Weltkrieg begann die allmähliche Verschmelzung von Tiroler und norditalienischen Elementen. Eine Basis für diese neue Südtiroler Küche legte nach 1945 der Meraner Küchenchef Hans Debeljak mit seinen Standardwerken »Spaghetti und Speckknödel – Italienische und Tiroler Küche« sowie »Das Bilderbuch der Küche – Deutsche und Italienische Küche«.
Der einsetzende Massentourismus ebnete ebenfalls neue Wege. Anfangs schämten sich weite Kreise der Südtiroler Gastronomie noch für die klassischen Gerichte der einstigen Arme-Leute-Küche und setzten lieber auf moderne internationale Trends mit Toast Hawaii, Rindsmedaillon Rossini, Hammelbraten à la Breton und »Maggi«-Consommé paysanne. Die ersten verwöhnten Touristen waren auf diese Allerweltsküche eingestellt und wurden dementsprechend bedient.

Wiederentdeckung der regionalen Spezialitäten

Ab den 1970er-Jahren setzte langsam eine Rückbesinnung ein. Es kam zur Wiederentdeckung der regionalen Küche. Die ersten »Südtiroler Spezialitätenwochen« unternahmen den Versuch, den Touristen lokale Besonderheiten näherzubringen. 1972 fanden erstmals die »Wochen der Eisacktaler Kost« statt, die in größerem Stil mit regionaltypischen Speisen aufwarteten. Das rasch an Beliebtheit gewinnende »Törggelen« trug ebenfalls zu diesem neuen Trend bei.

In Vergessenheit geratene Gerichte schufen Schritt für Schritt willkommene Abwechslungen zum internationalen Allerlei. Alte Tiroler Kost wurde mit modernen Zubereitungs- und Verarbeitungstechniken sowie unter dem Einfluss der italienischen Küche dem aktuellen Geschmack angepasst.

Der Weg zu einer neuen kulinarischen Identität

Traditionsreiche Wirtshäuser wie der »Patscheiderhof« von Luis Rottensteiner in Signat oberhalb von Bozen, der »Pretzhof« von Karl und Ulli Mair in Wiesen/Pfitsch bei Sterzing oder der »Paulserhof« von Elke und Stephan Schwarzer in St.Pauls/Eppan, um nur einige zu nennen, nahmen Vorreiterrollen auf dem Weg zu einer neuen kulinarischen Identität der Südtiroler Küche ein. Und üben diese bis heute aus.

Die Marke »Südtiroler Gasthaus«, zu der heute über 30 bodenständige Gasthäuser im gesamten Land gehören, bürgt für eine gepflegte Kultur, in der »die echte, ursprüngliche Küche der Heimat« im Mittelpunkt steht. Zubereitet werden die köstlichen Spezialitäten aus hochwertigen einheimischen, saisonalen Produkten. Auch die Weine stammen in erster Linie aus der Region. Der Südtiroler Köcheverband und die Landeshotelfachschulen tragen das Ihre zu einer kontinuierlichen Qualitätssteigerung unter dem Köchenachwuchs bei.

Heinrich Gasteiger, Gerhard Wieser und Helmut Bachmann legten mit ihrem Werk »So kocht Südtirol – eine kulinarische Reise von den Alpen in den Süden« im Jahr 2000 die Grundlage für einen neuen Standard der Südtiroler Küche. Deren Bandbreite reicht von Fischsuppe mit Grießblattlen und Hasenrücken mit Kräuternocken über Lammsülze mit Mascarponesauce, Pasta e fagioli, Pizza Napoli, Risotto mit Safran, Spaghetti alla carbonara und Schlutzkrapfen mit Trüffelpüree bis Vermicelli alla puttanesca mit Zwetschgendatschi und Apfelkuchen mit Basilikumsorbet.

Pioniere der Südtiroler Sterneküche

Küchenchefs wie Andreas Hellrigl und Giancarlo Godio gelten als die Pioniere der gehobenen Südtiroler Küche. Sie legten die Grundsteine für deren heutigen Höhenflug. Nirgendwo sonst auf der Welt existiert eine derart hohe Konzentration an Sterne-Restaurants. Südtirol kann 2021 mit 20 Restaurants mit insgesamt 26 Michelin-Sternen aufwarten – gleich viele wie in ganz Österreich. In Südtirols Sternelokalen werden heute auch Gerichte serviert, die bis vor Kurzem nur in Buschenschänken und Bauerngasthäusern zu finden waren. Regionalität, Saisonalität, Kreativität, Qualität und Originalität werden nunmehr auch hier meist großgeschrieben.

Einer der ersten Sterneköche im Land, der den Weg zurück zu den Wurzeln gesucht und gefunden hat, ist Herbert Hintner. Er wurde 1995 in seinem Restaurant »Zur Rose« in Eppan erstmals mit einem Stern ausgezeichnet. Der Pustertaler Sternekoch hat sich von Anfang an zum Ziel gesetzt, »das Althergebrachte mit neuer Kreativität und uneingeschränkter Sorgfalt erlebbar zu machen«. Damit übernahm er auch soziale Verantwortung. »Regionale und heimische Produkte danken dem Bauern und Produzenten ihren wertvollen Beitrag zur Erhaltung der bäuerlichen Kultur«.

Das kulinarische Erbe der Dolomiten

Unangefochten auf der Spitze des kulinarischen Südtiroler »Eisbergs« steht heute Norbert Niederkofler. Er sichert sich seit 2017 im Gourmetrestaurant »St. Huberts« im Hotel&Spa »Rosa Alpina« in St. Kassian im Gadertal ununterbrochen die höchste Bewertung, die Michelin zu vergeben hat. Er ist nicht nur einer von lediglich elf Drei-Sterne-Köchen italienweit, sondern seit 2021 auch erster Träger eines grünen Sterns für Nachhaltigkeit. Norbert Niederkofler verkörpert mit

seinem Konzept »Cook the mountain« eine Küche, die strikt regional ist und auf einen fairen Umgang mit der Natur und den Produzenten der Lebensmittel achtet.
Südtirols Nummer eins unter den Spitzenköchen will das kulinarische Erbe der Dolomiten wieder zum Leben erwecken. Seine Gerichte erzählen Geschichten: von der täglichen Mühe der Bauern und der Tierzüchter, von der Qualität ihrer Produkte, von überlieferten Traditionen und Sorgfalt, von Beständigkeit und Leichtigkeit.

Unermesslicher Reichtum

»Die Stärke der Gastronomie Südtirols liegt heute im Dialog mit anderen kulinarischen Kulturen«, ist Paul Rösch, ehemals Direktor des Landesmuseums für Tourismus in Meran, überzeugt. »Essen und Trinken sind jene Bereiche, wo Begegnung nicht als Gefahr, sondern als Bereicherung begriffen wird.« Das Aufeinandertreffen verschiedener Kulturen, sowohl kulinarisch als auch menschlich, bildet ein reiches Potenzial, aus dem Südtirols Küche heute schöpft. Tiroler Tradition und italienische Leichtigkeit vereinen sich zu einem innovativen Ganzen. Denn Heimatverbundenheit und Moderne, Bodenständigkeit und Kreativität passen ausgezeichnet zusammen.
Eine weitere Ressource bilden die wertvollen und hochqualitativen heimischen Produkte, die jenen unverwechselbaren, identitätsstiftenden Geschmack garantieren. Die regionale Landwirtschaft ist vielfältiger und nachhaltiger geworden, besinnt sich auf ihre Wurzeln und wahren Stärken. Neue Ideen rund um Anbau und Aufzucht, Verarbeitung und Veredelung ziehen immer weitere Kreise. Wiederentdeckung des Lokalen, Erhaltung der Artenvielfalt, Verwendung von biologischen und Null-Kilometer-Produkten, Entschleunigung des Lebens – all das sind keine bloßen Schlagwörter geblieben. Gelebte Regionalität steht heute in Südtirol landauf, landab auf der Tagesordnung – verbunden mit einem Bekenntnis zu Tradition, zu Qualität, zum Gesunden, zum Frischen und Nachhaltigen. Voraussetzung dafür ist ein gesunder Kreislauf zwischen Produzent, Abnehmer, Veredler, Koch und Gast.

Südtirol schmeckt man auch im Glas

Noch etwas trägt entscheidend dazu bei, dass sich der Kreislauf stimmig schließt: der Wein. Das kleine und nördlichste Weinbaugebiet Italiens zählt unumstritten zur internationalen Winzeravantgarde. Südtirol schmeckt man auch im Glas. Der eigenständige, unverkennbare Charakter seiner Rebsäfte ist zu einem eindeutigen Erkennungsmerkmal Südtirols geworden. Eine faszinierende Vielfalt, klare Identität und Qualität zeichnen die Südtiroler Weine heute aus. In Verbindung mit der hiesigen Küche garantieren sie authentischen Genuss und einzigartige Geschmackerlebnisse.

Gute Küche macht glücklich

Entscheidend aber ist und bleibt: Gute Küche zeichnet sich vor allem durch qualitativ hochwertige Produkte und frische Zutaten aus sowie durch Experimentierfreude und Liebe zum Detail, durch Tradition und Innovation, bodenständiges Verwurzeltsein und kreativen Aufbruch. Gute Küche kann einfach sein oder raffiniert – oder beides vereinen. Vor allem aber: Gute Küche muss schmecken, gesund sein und Spaß machen. Sie muss glücklich machen. Man muss sich dabei wohl und zu Hause fühlen. Das gilt für jede Küche. Für die Südtiroler ganz besonders.

Eine naturnahe Südtiroler Küche

LEVIN GRÜTEN UND SIMON PICHLER, »AO RESTAURANT BY HALLER«

Viel Platz für Fantasie und Poesie lässt die Küche im neuen Restaurant »AO« im Hallerhof in Brixen. Sie präsentiert sich modern und gleichzeitig traditionell, naturnah und reduziert. Die Gerichte passen sich an Saison und Region an und spiegeln die Vielfalt der Natur wider. Diese beginnt gleich hinterm Haus – in den eigenen Weinbergen, im Obst- und Gemüsegarten. Seniorchef Hans Pichler ist für die Weinberge verantwortlich, die Küchencrew hilft im Garten und holt die Ernte mit ein. Chefkoch Levin Grüten schließlich ist in den Wäldern unterwegs, um Kräuter, Sprossen und Pilze aus wilder Natur zu sammeln. Er und Juniorchef Simon Pichler sagen über sich selbst: »Unser Kochstil ist modern, dabei vergessen wir allerdings nie Geschichte und Ursprung. Unsere Inspiration stecken wir in neue Kreationen, um unseren Gästen eine etwas eigensinnige Südtiroler Küche auf den Tisch zu bringen. Neue Zubereitungsarten und die Nähe und Geschichte unserer Produzenten schaffen eine naturnahe Küche. Aber auch Klassiker finden Platz auf unserem Menü. Diese versuchen wir, auf leichte Art und Weise in unsere Menüs einzubauen.«

LEVIN GRÜTEN

Belgier und 1995 in Aachen geboren, sammelte seine Berufserfahrungen vor allem in Belgien, Australien und in der Schweiz sowie 2018/19 im Restaurant »Noma« in Kopenhagen. Seit April 2019 ist er gemeinsam mit dem Juniorchef für die Küche im »AO Restaurant by Haller« in Brixen verantwortlich.

Lieblingsgericht: Miesmuscheln mit Pommes frites

SIMON PICHLER

Jahrgang 1989, besuchte die Landesberufsschule »Emma Hellenstainer« in Brixen, verbrachte seine Lehrjahre im Hotel »Elephant« und beim »Finsterwirt« in Brixen. Berufserfahrungen sammelte er bei Sternekoch Martin Sieberer im »Trofana Royal« in Ischgl. Seit 2011 arbeitet er als Sous Chef im familieneigenen Restaurant.

Lieblingsgericht: Rindsgulasch mit Speckknödel

Rohnen – fermentierte Zwetschgen – Federkohl – Fichtensprossen

Fermentieren liegt wieder im Trend. Solche Lebensmittel sind länger haltbar und zudem besser verdaulich. Der Gärungsprozess regt probiotische Prozesse an, die positiv auf die Darmflora einwirken. Rohnen und Federkohl wachsen im Garten. Die Fichtensprossen sammelt der Chefkoch persönlich.

Für 4 Personen ▲ Zubereitung: 70–80 Minuten ▲ Kochzeit: 60 Minuten ▲ Fermentierzeit: 5–7 Tage
Schwierigkeitsgrad: mittel

Zutaten

Für die Rohnen
4 Rohnen (Rote Bete)
10 g Kümmelsamen
10 g Fenchelsamen
Salz

Für das Fichtensprossenöl
300 g Fichtensprossen (im Wald gesammelt)
450 g Samenöl

Für die fermentierten Zwetschgen
300 g Zwetschgen
30 g Salz

Für den Federkohl
300 ml Samenöl zum Frittieren
300 g Federkohl (oder Grünkohl)

Zubereitung

Rohnen

Die Rohnen in einem Topf zusammen mit den Gewürzen etwa 1 Stunde kochen, danach schälen und in Scheiben schneiden. Die Abschnitte trocknen und im Mixer zu Staub zerkleinern, der zum Dekorieren dienen kann.

Fichtensprossenöl

Zwischen Mai und Juli Fichtensprossen sammeln. In dieser Zeit sind die frischen grünen Triebe mit saftigem Harzgeschmack am besten. Die Sprossen zusammen mit dem Samenöl in einem Hochleistungsmixer 12 Minuten mixen. Das grüne Öl durch ein Tuch passieren und abfüllen.

Fermentierte Zwetschgen

Die Zwetschgen entkernen und mit dem Salz vermengen. In einem luftdichten Gefäß 5–7 Tage bei 21–28 °C fermentieren. Nach dieser Zeit die Zwetschgen mit dem eigenen Saft mixen und abfüllen. Diese Marinade bleibt kühl gelagert bis zu 3 Monate haltbar.

Federkohl

Das Samenöl in einem Topf mit Deckel auf 170 °C erhitzen. Den Federkohl in kleine Stücke zerreißen, dabei den Strunk entfernen. Die Stücke in dem heißen Öl 90 Sekunden frittieren – Achtung, es spritzt – und dann auf Küchenpapier abtropfen lassen.

Anrichten

Beim Anrichten darf man kreativ sein: Aus den Rohnen-Scheiben eine Rose formen oder das Ganze als Carpaccio anrichten. Die Zwetschgen als Marinade über die Rohnen geben und den frittierten Federkohl darüberverteilen. Zum Abschluss das Gericht mit dem Fichtensprossenöl verfeinern.

Weintipp

Eisacktaler Silvaner, Hallerhof, Brixen/Kranebitt

Zum Hallerhof gehört ein Hektar Weingärten, die von Seniorchef und Weinbauer Hans Pichler liebevoll bewirtschaftet werden. Die Vinifikation erfolgt beim Nachbarn, im Keller von Manni Nössing. »Ein Silvaner mit angenehm frischem Bukett, reich an Fruchtnoten von Pfirsich und Aprikose«, freut sich Sommelière Teresa Pichler. »Am Gaumen punktet der Wein mit lebendiger Frische, ausgewogenem Körper und verspielter Aromatik.«

Kürbis-Kartoffel-Nocken – Holzkohle-Lauch – Mangalitza-Speck vom Jörgnerhof – Rosenkohl

Kartoffeln, Kürbis, Lauch und Rosenkohl – im Idealfall aus dem eigenen Garten –, gesünder geht es wohl nicht. Dazu nehmen die beiden Küchenchefs vom Restaurant »AO by Haller« noch etwas Speck vom Mangalitza-Schwein vom Jörgnerhof in Pfitsch und zaubern daraus ein kreatives und ansprechendes Gericht.

Für 4 Personen ▲ Zubereitung: 60 Minuten ▲ Kochzeit: 50–60 Minuten ▲ Schwierigkeitsgrad: mittel

Zutaten

Für die Kürbis-Kartoffel-Nocken
350 g mehlige Kartoffeln
150 g Kürbis
40 g Butter
50 g Mehl (Typ 00)
50 g Hartweizenmehl
30 g Eigelb
10 g Salz

Für den Lauch über Holzkohle
2 Stangen Lauch
500 ml Sahne
Salz und Pfeffer

Für die Garnitur
4 Stück Rosenkohl
Butter
4 Scheiben Speck

Zubereitung

Kürbis-KartoffelNocken

Die Kartoffeln in Salzwasser 25 Minuten kochen, dann schälen und durch die Kartoffelpresse drücken. Die warme Masse mit dem gekochten Kürbis und der flüssigen Butter vermischen und auskühlen lassen.
Das Mehl, das Hartweizenmehl und das Eigelb in eine Rührmaschine geben und die kalte Kartoffelmasse dazugeben. Alles 3 Minuten durchkneten. Den Teig rasch verarbeiten – gleich große Kugeln à etwa 20 g formen und kühl stellen.

Lauch über Holzkohle

Den Grill mit Holzkohle auf 200 °C erhitzen. Die gesäuberten Lauchstangen längs halbieren, in Alufolie wickeln und direkt auf die glühende Kohle legen. 30 Minuten garen lassen, dabei alle 10 Minuten wenden.
In der Zwischenzeit die Sahne mit Salz und Pfeffer erhitzen. Den Lauch aus der Folie nehmen. Das äußerste Blatt (sollte dunkel sein) entfernen, das Innere des Lauchs in die Sahne geben und darin 20 Minuten köcheln lassen. Das Ganze mixen, damit eine Lauchcreme entsteht.

Garnitur

Den Rosenkohl Blatt für Blatt teilen und die Blätter in etwas Salzwasser mit Butter 2 Minuten köcheln. Den Mangalitza-Speck in kleine Würfel schneiden und in der Pfanne auslassen, bis die Würfel knusprig und kross sind.

Anrichten

Die Kürbis-KartoffelNocken 5 Minuten in kochendem Wasser köcheln lassen. Die Lauchcreme im Topf erwärmen. Dann die Nocken auf die Teller setzen, die Lauchcreme darüberverteilen und mit den Speckwürfeln und den Rosenkohlblättern anrichten.

Weintipp

Südtiroler Pinot Grigio Porer, Weingut Alois Lageder, Margreid

Bei diesem Pinot Grigio steht das Spiel mit den Komponenten im Mittelpunkt: Ein Teil der Trauben wurde sofort gepresst, ein weiterer Teil blieb für 15 Stunden in Kontakt mit den Schalen, wiederum ein anderer Teil blieb rund ein Jahr lang in Kontakt mit Stängeln und Schalen. Für Sommelière Teresa Pichler präsentiert sich der Wein »in der Nase fruchtig mit Noten von Melone und Pfirsich, würzig und mineralisch mit ausgeprägtem Bukett, am Gaumen körperreich mit einer frischen Struktur und sortentypischen Fruchtaromen«.

Pochierte Birne – Feigen – Sauerrahm – Zimtstreusel

Birnen, Feigen, etwas Sauerrahm und Zimt – man kann das herbstliche Dessert förmlich schon am Gaumen spüren. Die Birnen werden in Südtiroler Lagrein pochiert, der Sauerrahm selbst hergestellt. Fehlen nur die Zimtstreusel, die Levin und Simon über ihr Gericht streuen.

Für 4 Personen ▲ Zubereitung: 40–60 Minuten ▲ Kochzeit: 30–40 Minuten ▲ Fermentierzeit: 3 Tage
Schwierigkeitsgrad: mittel

Zutaten

Für die Birne in Rotwein
4 Williams-Birnen
500 ml trockener Rotwein (Südtiroler Blauburgunder)
200 g Zucker
1 Stange Zimt
2 Anissterne
5 Gewürznelken

Für den Sauerrahm
400 ml Sauerrahm
oder
300 ml Sahne
50 ml Milch
50 ml Kombucha

Für die Zimtstreusel
150 g Zucker
150 g Butter
250 g Mehl
10 g Zimt
5 g Salz

4 Feigen

Zubereitung

Pochierte Birne
Die Birnen schälen, halbieren und entkernen. Den Wein, den Zucker und die Gewürze in einem Topf zum Kochen bringen, die Birnen 20 Minuten darin kochen, dann herausnehmen. Die übrige Flüssigkeit auf mittlere Temperatur reduzieren, bis sie eine sirupartige Konsistenz hat.

Sauerrahm
Man kann den Sauerrahm fertig kaufen oder zum Selbstherstellen den Kombucha als Fermentierbasis nutzen. Alle Bestandteile mit einem Schneebesen in einer Schüssel zusammenrühren. Dann die Masse in ein sauberes Glas geben, dieses mit einem Tuch und einem Gummiband abdecken und bei etwa 28 °C für 3 Tage stehen lassen. In diesem Prozess dickt die Sahne ein und wird fest, unten im Glas bildet sich ein flüssiger Satz. Deswegen alles durch ein Tuch passieren und die feste Masse abhängen lassen. Den fertigen Sauerrahm in ein Einmachglas geben, dieses verschließen und bis zur Verwendung im Kühlschrank aufbewahren.

Zimtstreusel
Alle Zutaten zusammen in einer Rührmaschine für etwa 10 Minuten auf mittlerer Stufe kneten lassen. Danach die Masse auf ein Backblech mit Ofenpapier geben und 25 Minuten bei 170 °C im Ofen backen, alle 10 Minuten die Streusel umrühren. Auskühlen lassen bis zum Servieren.

Anrichten
Die Birnen zusammen mit dem Weinsirup 5 Minuten bei leichter Temperatur in einer Pfanne karamellisieren. Nebenbei die Feigen in dünne Scheiben schneiden. Die Streusel auf den Tellern anrichten, die Feigen und den Sauerrahm daraufgeben und die pochierten Birnen danebenlegen.

Weintipp

Südtiroler Rosenmuskateller Schweizer, Weingut Franz Haas, Montan

Der Rosenmuskateller Schweizer von Franz Haas stellt für Sommelière Teresa Pichler zu diesem Dessert den idealen Begleiter dar: »Der Wein überrascht mit lebendiger Frische und einem intensiven, aromatischen Bukett mit Noten von Rosen, Gewürznelken, Zimt und Orangenschalen. Am Gaumen betört der Wein durch eine komplexe, angenehme und elegante Struktur mit einem faszinierenden Spiel zwischen Säure, Süße und Gerbstoffen.«

WOLFGANG SCHMIDL, BAUERNGASTHOF »KIRCHERHOF«

Seit 2003 führt die Familie Noflatscher ihren Roter-Hahn-Bauerngasthof mit Ferienwohnungen in Albeins bei Brixen. »Wir leben Landwirtschaft. Die Grundlage unserer Arbeit bildet unser Bauernhof, der uns durch jede Jahreszeit hindurch mit eigenen Produkten versorgt«, sagen die Bauern-Wirtsleute. »Wir wollen unseren Gästen ein Lebensgefühl vermitteln, das geprägt ist von Natur, Nachhaltigkeit und überlieferten Werten. Unsere Küche, die ursprünglich und zugleich zeitgemäß ist, entspringt der Südtiroler und speziell der Eisacktaler Tradition. Sie soll nicht nur gut schmecken und das Auge erfreuen, sondern ganz selbstverständlich auch gesund sein«, ergänzt Barbara Noflatscher. Und Küchenchef Wolfgang Schmidl erklärt: »Auf unserer Speisekarte stehen saisonale Produkte aus kleinen Kreisläufen. So garantieren wir die Frische unserer Zutaten und die Nachvollziehbarkeit ihrer Herkunft. Einheimische Tiere ganzheitlich zu verwerten, ist uns ein Herzensanliegen.«

WOLFGANG SCHMIDL

Jahrgang 1989, ist diplomierter Küchenmeister. Seine Lehre absolvierte er im Hotel »Antonius« in Kaprun. Es folgten Stationen als Souschef im Naturhotel »Forsthofgut« in Leogang und im Restaurant »Sonnenberg« in Zürich. Seit 2018 ist der gebürtige Österreicher aus Zell am See für die Küche im Bauerngasthof »Kircherhof« in Albeins verantwortlich.

Lieblingsgericht: Kalbsbeuschel mit Kräuterknödel

Kalbskopf mit gebackenen Schwarzwurzeln und hausgemachter Senfmayonnaise

Die Wirtsleute im Bauerngasthof »Kircherhof« sind zur alten Tradition zurückgekehrt, alle Teile eines Tieres zu verarbeiten. So ist auch dieses Gericht entstanden. Die Kombination mit der hausgemachten Mayonnaise und den Schwarzwurzeln entfaltet mehrere Geschmacksrichtungen und gibt dem Gericht eine besondere Raffinesse.

Für 4 Personen ▲ Zubereitung: 30–40 Minuten ▲ Kochzeit: 2–2,5 Stunden ▲ Schwierigkeitsgrad: mittel

Zutaten

Für den Kalbskopf
500 g Kalbskopf
1 Karotte
¼ Knolle Sellerie
1 Zwiebel
Lorbeerblatt
Wacholderbeeren
Pfefferkörner
Salz
ein Schuss weißer Balsamicoessig

Für die Schwarzwurzeln
400 g Schwarzwurzeln
500 ml Milch
1 Zitrone
Salz
Mehl
1 Ei
Panierbrösel
60 g Butter

Für die hausgemachte Senfmayonnaise
2 Eigelb
Salz
1 Msp. Cayennepfeffer
etwas Worcestersauce
1 EL süßer Senf
½ EL Dijonsenf
200 ml Sonnenblumenöl (Zimmertemperatur)
½ Zitrone

Zubereitung

Kalbskopf

Den Kalbskopf gut waschen. Die Karotte waschen und halbieren. Die Sellerieknolle schälen und in große Stücke schneiden. Die Zwiebel abziehen und halbieren. Alle Zutaten in einen Topf mit Wasser geben und aufkochen. Den Kalbskopf einlegen und etwa 2 Stunden köcheln lassen.
Den Kopf aus dem Sud nehmen und noch heiß das Fleisch vorsichtig vom Knochen abstreifen. Das Fleisch in eine runde Form geben, mit Frischhaltefolie belegen und beschweren. Die Form kalt stellen. Für die Marinade den Sud reduzieren und mit einem Schuss Balsamicoessig und etwas gemahlenem Pfeffer abschmecken.

Schwarzwurzeln gebacken und als Creme

Die Schwarzwurzeln waschen und schälen. Die Milch, 500 ml Wasser und die in Scheiben geschnittene Zitrone in einen Topf geben. Die geschälten Schwarzwurzeln sofort in den Sud legen, da sie sonst oxidieren und braun werden. Den Sud mit den Schwarzwurzeln aufkochen und köcheln lassen. Die Hälfte, sobald sie bissfest gekocht ist, aus dem Sud nehmen, mit kaltem Wasser abschrecken und in Stifte schneiden, salzen und anschließend mit Mehl, verquollenem Ei und Brösel panieren.
Die restlichen Schwarzwurzeln weichkochen und mit etwas Sud und kalter Butter fein mixen. Die Creme mit Salz und etwas Zitronensaft abschmecken, danach in einen Spritzbeutel füllen und kalt stellen.

Hausgemachte Senfmayonnaise

Das Eigelb in einer Schüssel mit den Gewürzen und dem Senf mit dem Schneebesen verrühren. Das Öl in einem dünnen Strahl langsam und unter ständigem Rühren einarbeiten, bis die Mayonnaise cremig geworden ist. Dann den Zitronensaft hinzufügen. Am Ende das restliche Öl einarbeiten, die Mayonnaise abschmecken, in einen Spritzbeutel füllen und kalt stellen.

Für die roten Zwiebeln
1 rote Zwiebel
30 ml Wasser
5 ml weißer Balsamicoessig
1 g Salz
1 g Zucker
4 Senfkörner
1 Zehe Knoblauch
2 Pfefferkörner
½ Lorbeerblatt

Rote Zwiebeln

Die Zwiebel abziehen und in feine Ringe schneiden. Alle Zutaten aufkochen und dann die Zwiebelringe in den heißen Sud legen. Abkühlen und etwas marinieren lassen.

Anrichten

Den abgekühlten Kalbskopf in etwa 2 cm dicke Scheiben schneiden (am besten mit einer Aufschnittmaschine). Je eine Scheibe auf einen bereits angewärmten Teller legen und an einem warmen Ort temperieren lassen (oder den Kalbskopf 5 Minuten bei 50 °C in den Ofen geben).

Die panierten Schwarzwurzeln in heißem Fett backen, auf einem Papier abtropfen lassen und salzen.

Die Marinade mit einem Löffel auf dem warmen Kalbskopf verstreichen. Ein paar Punkte mit der Schwarzwurzelcreme und der Mayonnaise auf den Kalbskopf spritzen, die gebackenen Schwarzwurzeln auflegen, mit den roten Zwiebeln garnieren und servieren.

Weintipp

Eisacktaler Silvaner Lahner, Weingut Taschlerhof, Peter Wachtler, Brixen

Fruchtige, frische Noten sowie Aromen von getrocknetem Heu prägen diesen Eisacktaler Silvaner, vereint mit Kraft und Fülle sowie guter Struktur und großer Harmonie. Für Barbara Noflatscher ist dies »ein Wein wie geschaffen als idealer Begleiter zu unserem Kalbskopf«.

Hausgemachte Ravioli alla carbonara mit Südtiroler Speck

Küchenchef Wolfgang Schmidl interpretiert im Bauerngasthof »Kircherhof« in Albeins einen Klassiker der italienischen Küche neu: Spaghetti alla carbonara. Die Pastaform wird verändert, die Zutaten werden neu kombiniert und mit dem hausgemachten Speck verfeinert.

Für 4 Personen ▲ Zubereitung: 30–40 Minuten ▲ Kochzeit: 2 Stunden ▲ Schwierigkeitsgrad: mittel

Zutaten

Für den Teig
100 g Weizenmehl (Typ 00)
100 g Hartweizengrieß
1 Ei
90 g Eigelb

Für die Füllung
1 Zwiebel
15 g Butter
100 g Speck, fein gewürfelt
15 g Weizenmehl
100 ml Milch
50 ml Sahne
40 g Parmesan gerieben
1 Eigelb

Für die Eigelbcreme
100 g Eigelb
weißer Pfeffer

Für die Speckknusper
50 g gewürfelter Speck
10 g Butter
60 g zerstoßenes Schüttelbrot
Semmelbrösel

Zubereitung

Teig
Alle Zutaten für den Teig gut miteinander verkneten. Den Teig in Frischhaltefolie einpacken und kalt stellen.

Füllung
Die Zwiebel abziehen und in feine Würfel schneiden. Die Speckwürfel in einem Topf in der Butter anrösten, die Zwiebelwürfel mit anschwitzen, das Mehl hinzufügen und mit einem Schneebesen alles gut verrühren. Mit der Milch und der Sahne aufgießen und unter ständigem Rühren aufkochen. 5 Minuten köcheln lassen. Den Parmesan einrühren und dabei aufpassen, dass keine Klumpen entstehen.
Den Topf vom Herd nehmen und das Eigelb untermischen. Die Füllung in einen Behälter umfüllen und mit einer Frischhaltefolie bedeckt abkühlen lassen. Dann mit einem Schneebesen aufrühren, abschmecken und in einen Spritzbeutel geben.
Den Teig dünn ausrollen und Punkte mit der Füllung aufspritzen. Den Teig etwas mit Wasser bestreichen und an den Enden zusammenklappen.
Mit einer runden Form Ravioli ausstechen und die Ränder nochmals mit den Fingern zusammendrücken.

Eigelbcreme
Das Eigelb mit etwas Pfeffer vermischen und vakuumieren. Bei 64 °C im Wasser 2 Stunden ziehen lassen.

Speckknusper
Den gewürfelten Speck in der Butter vorsichtig anrösten. Das zerstoßene Schüttelbrot hinzufügen und das restliche Fett mit Semmelbröseln binden.

Weintipp

Südtiroler Sauvignon Praesulis, Weingut Gumphof, Markus Prackwieser, Völs

Barbara Noflatscher überzeugt dieser Sauvignon mit seiner saftigen Aromenfülle, mit Zitrusnoten und spannender Würze in der Nase. Elegante Fülle, Komplexität und ein ausgezeichnetes Säurespiel dominieren am Gaumen.

Anrichten

In einem großen Topf Wasser aufkochen und salzen. Die Ravioli hineingeben und 8–10 Minuten kochen lassen. Dann die Ravioli auf einem Teller anrichten, mit dem Speckknusper bestreuen und als Dekoration einige Punkte mit der Eigelbcreme hinzufügen.

Speckbuchteln auf gezupftem Lamm mit Kräutergremolata und Brokkoli

In diesem Gericht vereint Küchenchef Wolfgang Schmidl zwei Klassiker, die am »Kircherhof« schon die Großeltern zubereitet haben: Buchteln und geschmortes Lamm. Die traditionell süßen Buchteln werden mit Speck und Gewürzen in salzige verwandelt. Das Lamm wird zwar klassisch geschmort, am Ende jedoch gezupft. Zusammen mit der Kräutergremolata gewinnt das Gericht eine neue Leichtigkeit.

Für 4 Personen ▲ Zubereitung: 50–60 Minuten ▲ Kochzeit: 2,5 Stunden ▲ Ruhezeit: 2,5–3 Stunden
Schwierigkeitsgrad: mittel

Zutaten

Für den Buchtelteig
100 ml Milch
30 ml Sahne
8 g Salz
10 g Staubzucker
20 g frische Hefe
30 g Butter
330 g Mehl
20 g Eigelb
1 Ei

Für die Füllung
150 g Speck
1 Zwiebel, in Würfel gehackt
1 Knoblauchzehe, gehackt
100 g Ricotta
Majoran
Salz
Pfeffer
20 ml Olivenöl extra vergine

Für das gezupfte Lamm
600 g Lammschulter
Salz
50 g Karotten
50 g Sellerie
50 g Zwiebeln
1 EL Sonnenblumenöl
1 EL Tomatenmark
250 ml trockener Rotwein (Südtiroler Blauburgunder)
1 l Gemüse- oder Kalbsfond
1 Zehe Knoblauch
Wacholderbeeren
Lorbeerblatt
Thymian
Rosmarin

Zubereitung

Buchtelteig
Die Milch mit der Sahne, dem Salz und dem Staubzucker etwas erwärmen (ca. 37 °C). Die Hefe untermischen, die Butter zerlassen und etwas abkühlen lassen. Das Mehl, das Eigelb und das Ei leicht einarbeiten und mit der flüssigen Butter zu einem homogenen Teig verkneten. Diesen mit Frischhaltefolie abdecken und etwa für 2 Stunden an einem warmen Ort gehen lassen.

Füllung
Den Speck in feine Würfel schneiden und im eigenen Fett anbraten. Die gewürfelte Zwiebel und den gehackten Knoblauch dazugeben. Die Masse etwas abkühlen lassen und anschließend mit den restlichen Zutaten vermischen.
Den Teig etwa 3 mm dick ausrollen und die untere Hälfte mit der Füllung bestreichen. Dann den Teig von unten her einrollen und in 3 cm große Stücke schneiden.
Eine ofenfeste Form mit Butter bestreichen, die Buchteln hineingeben und nochmals 30 Minuten bei Zimmertemperatur gehen lassen. Die Buchteln bei 180 °C etwa 20–25 Minuten backen.

Gezupftes Lamm
Die Lammschulter mit Salz würzen, scharf anbraten und herausnehmen. Die Karotten, den Sellerie waschen und schälen, die Zwiebel abziehen und alles in etwa 1 cm große Würfel schneiden. Diese gemeinsam mit der Knoblauchzehe im Topf anbraten, das Tomatenmark mitrösten, mit dem Rotwein ablöschen und diesen verkochen lassen.
Alles mit dem Fond aufgießen, die Gewürze hinzufügen, die Schulter wieder in den Topf geben und alles 2–2½ Stunden zugedeckt weich schmoren lassen. Das gegarte Fleisch aus dem Topf nehmen und noch warm vom Knochen zupfen, dabei Sehnen und Fett entfernen.

Pfefferkörner
etwas Stärke (Maizena) zum Binden

Für die Kräutergremolata
20 g Pinienkerne, geröstet
50 g frisch gehackte Petersilie
30 g frisch geschnittener Schnittlauch
3 EL Olivenöl extra vergine
1 Zehe Knoblauch
Salzblüten

Für den Brokkoli
1 Brokkoli
20 g Butter
Salz

Den Fond abseihen und auf ein Drittel reduzieren, abschmecken und mit etwas Stärke binden. Das gezupfte Fleisch hinzugeben und vermischen.

Kräutergremolata
Die Pinienkerne zerstoßen. Mit der Petersilie, dem Schnittlauch, der klein gehackten Knoblauchzehe und dem Olivenöl vermischen und mit Salz abschmecken.

Brokkoli
Den Brokkoli waschen und in feine Röschen schneiden. Die Butter in eine Pfanne geben, die Röschen hinzufügen und anbraten, salzen und abschmecken.

Anrichten
Das gezupfte Lamm in der Sauce erwärmen und auf einen Teller geben. Die Kräutergremolata nochmals mischen und mit einem Löffel über das Lamm verteilen. Die heißen Buchteln auf das Lamm legen, die Brokkoli rund um die Buchteln herum anrichten.

Weintipp

Südtiroler Blauburgunder, Weingut Abraham, Eppan

Eleganz und Finesse, Länge und Salzigkeit prägen einen großen Blauburgunder, ist Barbara Noflatscher überzeugt. »Der Blauburgunder vom Weingut Abraham präsentiert sich mit Aromen von Himbeeren und Preiselbeeren, von Weichselkirschen und Blutorangen in der Nase. Feingliedrig und strukturiert überzeugt der Wein am Gaumen mit eleganten Gerbstoffen und überraschender Frische und Fruchtsüße.«

Südtiroler Sekt – ein prickelndes Vergnügen

ZU BESUCH BEI LORENZ MARTINI, COMITISSA

Seit Anfang des 20. Jahrhunderts wird in Südtirol Sekt nach dem klassischen Flaschengärungsverfahren hergestellt. Auf der »Bozner Weinkost« von 1911 wurde der erste Südtiroler Sekt als »Überetscher Gold« von der damaligen Überetscher Champagnerkellerei vorgestellt. Ab Mitte der 1970er-Jahre begann die Südtiroler Sektproduktion in größerem Stil.

Die Produzenten von der Vereinigung der Südtiroler Sekterzeuger bilden heute eine überschaubare Gruppe mit kleiner, aber feiner Produktion. Gemeinsam bringen die zehn Mitglieder jährlich rund 400.000 Flaschen Qualitätssekt nach dem klassischen Verfahren auf den Markt. Bei aller Gemeinsamkeit steht jeder Produzent für seine eigenen Spezialitäten.

Lorenz Martini von der Familien-Sektkellerei Comitissa produziert seit einigen Jahrzehnten in seinem Gewölbekeller in Girlan typischen Südtiroler Sekt aus den traditionellen Traubensorten Blauburgunder, Chardonnay und Weißburgunder. Mindestens drei Jahre lang lässt Lorenz Martini seinen Sekt auf der Hefe reifen, bevor er »handgerüttelt« als Pas Dosé Riserva Comitissa auf den Markt kommt: brillant und in leuchtendem Strohgelb im Glas, mit feiner Schaumkrone und lang anhaltender Perlage, nach frischer Brotkruste und Honigwaben duftend und mit Noten von Zitrusfrüchten, vollmundig, körperreich und harmonisch im Geschmack.

»Südtirol eignet sich hervorragend für die Sektproduktion. Klima und Böden sind ideal für die Herstellung von hochwertigen und langlebigen Sekten«, ist Lorenz Martini überzeugt. »Würzige Frische, Eleganz, Bekömmlichkeit und unnachahmlicher Charakter machen die Qualität des Südtiroler Sekts aus.«

Die Perfektion liegt in der Einfachheit

ARNO BALDO, RESTAURANT »ALTE POST«

Das Restaurant »Alte Post« ist ein Kleinod im historischen Ortskern von Tramin. Gemeinsam mit Doris und Arno Baldo hat die Besitzerfamilie Foradori vom Weingut Hofstätter die ehemals österreichische und italienische Poststelle zu neuem Leben erweckt.
Das Ehepaar Baldo steht für gutes Essen, guten Wein und die schönen Dinge des Lebens. Die beiden servieren eine leichte mediterrane Küche sowie innovativ verfeinerte, regionale Südtiroler Köstlichkeiten. Vom Herrengeröstl bis hin zu Arnos legendärem Löwenzahnsalat mit Speck und Ei tischen sie in der »Alten Post« besondere Gerichte auf. »Für uns liegt Perfektion in der Einfachheit«, unterstreicht Arno Baldo. »Wir verwenden bevorzugt regionale Produkte. In den Sommermonaten ernten wir Kräuter und Gemüse für unsere Gerichte im eigenen Garten. Weitere Zutaten beziehen wir von Bauern aus der Umgebung. Unsere höchste Priorität ist, dass der Geschmack der wertvollen Rohstoffe und Speisen niemals künstlich verändert oder überdeckt wird.«

ARNO BALDO
ist 1966 als Bauernsohn in Margreid geboren und dort aufgewachsen. Seine Kochlehre hat er im Sporthotel »Spögler« am Ritten absolviert. Es folgten Arbeitseinsätze und neue Erfahrungen in verschiedenen Südtiroler Restaurants. 1997 übernahm Arno Baldo das historische Restaurant »Rose« in Kurtatsch, das er bis 2015 mit seiner Frau Doris mit viel Erfolg führte. 2017 startete er mit der »Alten Post« in Tramin ein neues gastronomisches Abenteuer.
Lieblingsgericht: Hausgemachte Nudeln mit frischem Tomatensugo, Basilikum und Parmesankäse

Rohnen-Knödel mit Käsefonduta und Blattspinat

In Südtirol gilt nach wie vor: Ein Knödel zu Wasser (in der Suppe) und ein Knödel zu Land (mit einem Salat) gehören zu einer ordentlichen Mahlzeit. Es gibt wohl kaum ein Südtiroler Gasthaus, eine Alm- oder Schutzhütte, wo nicht Knödel in ihren klassischen Formen auf der Speisekarte stehen. Arno Baldo präsentiert in seiner »Alten Post« die traditionellen Rohnenknödel auf eigene Art und Weise.

Für 4 Personen ▲ Zubereitung: 30 Minuten ▲ Ruhezeit: 1 Stunde ▲ Kochzeit: 10–15 Minuten
Schwierigkeitsgrad: leicht

Zutaten

Für die Knödel
200 g trockenes Weißbrot (einige Tage alt), gewürfelt
20 ml Milch
Salz
Pfeffer
100 g Rohnen (Rote Bete), gekocht
2 Eier
20 g geschnittener Schnittlauch
20 g gehackte Petersilie
20 g Lauch, gewürfelt
50 g Zwiebel, gewürfelt
1 Zehe Knoblauch, gehackt
Kümmelsamen, gehackt
1 TL Butter
1 EL Olivenöl extra vergine

Für die Käsefonduta
50 ml Milch
50 ml Sahne
Salz
Pfeffer
200 g verschiedene Käse, die sich zum Schmelzen eignen (Frischkäse, Blauschimmelkäse, geriebener Parmesan, Almkäse ...)

Für den Spinat
200–300 g frischer Spinat (alternativ gefrorener)
Olivenöl extra vergine
1 Zehe Knoblauch
Salz

Zubereitung

Rohnen-Knödel
Das Brot mit der Milch befeuchten, kurz quellen lassen und mit Salz und Pfeffer würzen. Die klein gehackten Rohnen in ein Spitzsieb geben und die Restflüssigkeit ausdrücken, dann mit dem Brot vermischen. Die Eier, den Schnittlauch und die Petersilie zur Brotmasse geben. Die Lauch- und Zwiebelwürfel, den Knoblauch und den Kümmel mit dem Öl und der Butter goldgelb anschwitzen und mit dem Brot gut vermischen, eine Stunde ruhen lassen.

Käsefonduta
Die Milch und die Sahne zum Köcheln bringen, salzen und pfeffern und die klein geschnittenen Käsestücke dazugeben, bei geringer Temperatur und unter ständigem Rühren köcheln, bis der Käse geschmolzen ist, dann durch ein Spitzsieb passieren.

Spinat
Den Spinat kurz im kochenden Wasser blanchieren, in die Pfanne mit dem Olivenöl und dem gehackten Knoblauch geben, umrühren und salzen.
Aus der Brotmasse Knödel formen und diese 10 Minuten in Salzwasser kochen oder dämpfen, so bleibt die Farbe besser erhalten.

Anrichten
Die Käsefonduta in die Teller geben, die Knödel daraufplatzieren und mit Spinat garnieren.

Weintipp

Südtiroler Cuvée weiß, Weingut Baron Widmann, Kurtatsch
60 Prozent Chardonnay, 20 Prozent Weißburgunder und 20 Prozent Petit Manseng stecken in dieser spannenden und ausdrucksstarken Cuvée von Andreas Widmann. Birne, Zitrus- und Blumennoten vereinen sich mit einem Hauch von Vanillearomen in der Nase zu einem einladenden Duftspiel. Am Gaumen beeindrucken ein Gleichgewicht aus cremiger Fülle und eleganter Frische sowie eine gute Länge.

Mein Herrengröstl mit Bohnen, getrockneten Tomaten und Gartenkräutern

Das Herrengröstl wird im Unterschied zum einfacheren Bauerngröstl mit Kalb- statt Rindfleisch zubereitet – ein Essen eben, das sich einst nur die »Herren« leisten konnten. Küchenchef Arno Baldo bereitet sein Herrengröstl mit Bohnen und getrockneten Tomaten für jedermann einfach und schmackhaft zu.

Für 4 Personen ▲ Zubereitung: 30 Minuten ▲ Kochzeit: 20–30 Minuten ▲ Schwierigkeitsgrad: leicht

Zutaten

400 g Kartoffeln
300 g Kalbfleisch (vom Kaiserteil oder der Nuss)
1 rote Zwiebel, in Streifen geschnitten
1–2 Knoblauchzehen, gehackt
Salz
frisch gemahlener schwarzer Pfeffer
1–2 EL trockener Weißwein (Südtiroler Pinot Grigio)
50 ml Kalbsfond (oder Gemüsefond)
150 g grüne Bohnen
4–6 getrocknete Tomatenstücke, geschnitten
20–30 g Gartenkräuter, gehackt

Zubereitung

Die Kartoffeln schälen, würfeln und blanchieren. Die Kartoffelwürfel in einer großen Pfanne (am besten eignet sich eine Teflonpfanne) gut anrösten.

Das in Streifen geschnittene Kalbfleisch in einer separaten Pfanne mit der Zwiebel und dem Knoblauch anrösten, salzen und pfeffern, mit dem Weißwein löschen, den Kalbsfond dazugeben und einziehen lassen. Dann die gerösteten Kartoffeln und das Kalbfleisch gut vermischen.

Die Bohnen in Salzwasser weichkochen und in kleine Stücke schneiden. Dann die Bohnen, die getrockneten Tomaten und die Gartenkräuter gut mischen.

Anrichten

Die Bohnen auf Tellern anrichten. Darauf das Herrengröstl platzieren und mit klein geschnittenen Kräutern bestreuen.

Weintipp

Südtiroler Blauburgunder Riserva Mazon, Weingut J. Hofstätter, Tramin

»Der Blauburgunder Riserva Mazon verführt mit Aromen von reifen Beeren und Sauerkirsche und markanten Erdtönen von Waldboden und Holz«, so Doris Baldo. »Am Gaumen entwickelt sich der Wein warm, harmonisch, rund und facettenreich und trumpft mit packender Struktur, Eleganz und spannender Länge.«

Tafelspitz mit Wurzelgemüse, Trevisano-Radicchio und Berglinsen

Der Tafelspitz, ein klassisches Gericht der österreichischen Küche, ist auch in Südtirol seit jeher beheimatet. Auch als Tellerfleisch, gekochtes Rindfleisch oder Scherzel bekannt, wird der Tafelspitz üblicherweise mit Wurzelgemüse und Suppenbrühe serviert. Küchenchef Arno Baldo verleiht seinem Tafelspitz einen erfrischend mediterranen Hauch.

Für 4 Personen ▲ Zubereitung: 30 Minuten ▲ Kochzeit: 1,5 Stunden ▲ Schwierigkeitsgrad: leicht

Zutaten

Salz
1 Tafelspitz vom Kalb, 500–600 g
4 Karotten, geschält
4 Stangen Sellerie
2 Stangen Lauch
1 Zwiebel
1–2 Radicchio aus Treviso (bevorzugt feinblättriger)
100 g eingeweichte Berglinsen
Olivenöl extra vergine
Pfeffer aus der Mühle
Rotweinessig
1 EL Orangensaft
4–5 Stängel Petersilie

Zubereitung

2–3 l Wasser mit Salz erhitzen, das Fleisch waschen, ins kochende Wasser geben und etwa 1½ Stunden langsam köcheln lassen.
Die Karotten, den Sellerie und den Lauch in Streifen schneiden, salzen und kurz blanchieren. Die Zwiebel in feine Scheiben und den Radicchio in mundgerechte Stücke schneiden. Die Linsen weich kochen und mit Olivenöl, Salz, Pfeffer, Essig, dem Orangensaft anmachen. Wenn die Linsen bereits am Tag vorher eingeweicht werden, dann brauchen sie nur kurz aufkochen.

Anrichten
Das Fleisch in dünne Scheiben schneiden, auf die Teller legen und mit dem Gemüse, dem Radicchio und den Linsen, den Zwiebelscheiben sowie mit der gehackten Petersilie garnieren.

Weintipp

Südtiroler Pinot Grigio Unterebner, Kellerei Tramin

Der Unterebner geht für Doris Baldo »viel weiter und tiefer als ein herkömmlicher Pinot Grigio. Er bietet weit mehr Komplexität, als man sich von dieser Rebsorte vorstellt. Seine Eleganz spiegelt der Wein im Duftspiel aus Birne und Heu wider, mit feinen Noten von Brotkruste, Butter und etwas Tabak. Fülle und alpine Frische begeistern vereint mit feiner Mineralik und einem charaktervollen Abgang den Gaumen.«

Bodenständig, kreativ und innovativ

MANUEL EBNER, RESTAURANT »1524«

»Von der Vergangenheit lernen, um Neues und Authentisches zu schaffen«, nach diesem Motto setzt Manuel Ebner in seinem Restaurant »1524« im historischen Ansitz Rungghof in Girlan neue kulinarische Akzente. In seiner Küche vereint er traditionelle Bodenständigkeit mit Kreativität und Innovation zu einer unverwechselbar alpin-mediterranen Fusion.

Manuel Ebner, experimentierfreudig und qualitätsorientiert, ist ein unkonventioneller Neudenker. Er holt die Tradition in die Moderne und definiert sie nach seinen Vorstellungen neu. In seiner Küche haucht er alten Rezepten neues Leben ein, experimentiert mit Gewürzen und Zutaten, schafft neue Kombinationen und kreiert neue Gerichte in einer gelungenen Kombination aus Tradition und Moderne, aus Ungewöhnlichem und Altbewährtem.

MANUEL EBNER

Jahrgang 1986, begann seine Lehrjahre und Ausbildung im Hotel »Seegarten« in Kaltern bei Herbert Bachmann und arbeitete dann mit Chris Oberhammer im Restaurant »Tilia«, mit Othmar Raich in der Vinothek Pillhof, mit Herbert Hintner im Restaurant »Zur Rose«, mit Giancarlo Perbellini im Ristorante »Perbellini« in Isola Rizza und mit Anna Matscher im Restaurant »Zum Löwen«. 2013 kehrte er in den elterlichen Betrieb Rungghof in Girlan zurück und eröffnete dort sein Gourmetrestaurant »1524«.

Lieblingsgericht: Bauerngröstl mit Löwenzahnsalat

Psairer Aal – Rauch – Vinschger Paarl – Graukäse – eingelegte Schalotte – Moos – Sauerklee – Kartoffel – Kapernblatt

Aal, vor allem in mit Essig und Gewürzen eingelegter Form, war in Südtirol lange Zeit eine Delikatesse der einfachen Leute. Manuel Ebner serviert einheimischen Aal mit typisch Südtiroler Produkten: mit Vinschger Paarl, Graukäse, Kartoffeln, Sauerklee und Schalotten sowie mit Kapernblättern als mediterraner Zugabe.

Für 4 Personen ▲ Zubereitung: 90 Minuten ▲ Ruhe- und Marinierzeit: 24 Stunden ▲ Schwierigkeitsgrad: schwierig

Zutaten

Für den Aal
1 Aal von etwa 800–900 g
100 g grobes Salz
10 g Rohrzucker
Olivenöl extra vergine
Eichenspäne zum Räuchern

Für die Kartoffelemulsion
100 g Latschenkiefernnadeln und -holz, grob zerkleinert
200 ml neutrales Samenöl
100 g mehlige Kartoffeln, gekocht und passiert
1 Zitrone
Salz

Für das Baummoos
10 g Baummoos (Pseudevernia furfuracea, eine Flechtenart)
Salz

Für die eingelegten Schalotten
4 Schalotten, geschält und in feine Scheiben geschnitten
1 Knoblauchzehe, abgezogen und halbiert
1 Lorbeerblatt
2 g Senfkörner
3 g schwarze Pfefferkörner
100 ml Weißweinessig
11 g Salz

Für das Schalotten-Gelee
40 g Schalotten, in feinste Würfel geschnitten

Zubereitung

Aal
Den Aal enthäuten, filetieren und auf einen Teller geben. Das Salz und den Rohrzucker vermischen, den Aal auf beiden Seiten damit bestreuen, abdecken und im Kühlschrank 10–15 Minuten ziehen lassen. Anschließend mit kaltem Wasser abwaschen, abtrocknen und für 2 Stunden leicht kalt räuchern. 24 Stunden abgedeckt im Kühlschrank ruhen lassen.
Mit Olivenöl vakuumieren und bei 55 °C 10–15 Minuten dämpfen, dann im kalten Wasser abschrecken, aus dem Vakuumbeutel nehmen, in acht gleich große Stücke schneiden und im Kühlschrank bereitstellen.

Kartoffelemulsion
Die Latschenkiefer und 150 ml Samenöl in einen Vakuumbeutel füllen, diesen schließen und im Wasserbad bei 63 °C 24 Stunden ziehen lassen. Abseihen und bereitstellen.
Die gekochten und passierten Kartoffeln erkalten lassen und mit etwas Wasser zu einer cremigen Masse pürieren. Mit einem Spritzer Zitrone etwas von dem Latschenkieferöl und dem restlichen Samenöl montieren wie eine Mayonnaise, mit Salz würzen und im Kühlschrank bereitstellen.

Baummoos
Das Baummoos 2–3 Mal in jeweils frischem Salzwasser blanchieren, auslegen, im Trockner bei 70 °C 4 Stunden trocknen und bereitstellen.

Eingelegte Schalotten
Die fein geschnittene Schalotte zusammen mit dem Knoblauch, dem Lorbeer, den Senf- und Pfefferkörnern in ein Weckglas geben. 300 ml Wasser, Essig und Salz aufkochen, über die Schalotten gießen, mit einem Deckel gut verschließen und 24 Stunden ziehen lassen.

50 ml Weißweinessig
Salz
2,6 g Agar Agar

Vinschger Urpaarl, Graukäse, Anrichten
1 Vinschger Urpaarl
25 g Graukäse (3 Wochen gereift)
16 Blätter Sauerklee
8 eingelegte Blätter Kapern

Weintipp

Südtiroler Weißburgunder Flora, Kellerei Girlan

Der Wein wird in großen Holzfässern vergoren und ausgebaut. Er zeichnet sich durch seine eleganten Burgunderaromen von Ananas und reifem Obst, feine Säure, Dichte, Kraft und Saftigkeit sowie sein schönes Trinkvergnügen aus.

Schalotten-Gelee
Die in Würfel geschnittenen Schalotten in eine Schüssel geben. 150 ml Wasser, den Essig, das Agar Agar und Salz aufkochen, über die Schalotten gießen und im Kühlschrank erkalten lassen. Mit einem Schneebesen glattrühren und in ein Flakon füllen.

Vinschger Urpaarl
Das Vinschger Urpaarl in Scheiben schneiden, im Ofen bei 90 °C trocknen und anschließend mit einem Fleischklopfer zerbröseln. In einer Pfanne mit etwas Öl goldgelb rösten und auf einem Küchentuch bereitstellen.

Graukäse
Den Graukäse bröseln, mit Pfeffer, etwas Salz und Olivenöl marinieren und bereitstellen.

Anrichten
Den Aal mit einem Bunsenbrenner auf beiden Seiten farbig abflammen. Auf einem Teller etwas vom Vinschger Urpaarl verteilen, den Aal daraufsetzen und den Graukäse auf dem Teller verteilen. Die Kartoffelemulsion und das Gelee in Punkten verteilen, mit dem Moos, dem Sauerklee und den Kapernblättern sowie den eingelegten Schalotten verfeinern und servieren.

Bauerngröstl mit Kohlsalat

Das Südtiroler Bauerngröstl ist ein herzhaftes, deftiges und typisches Wintergericht. Auf Almhütten, in Berggasthöfen oder Buschenschänken wird es heute das ganze Jahr über in der Eisenpfanne serviert. Manuel Ebner zaubert im Rungghof ein Gourmetgröstl der Extraklasse auf den Tisch.

Für 4 Personen ▲ Zubereitung: 60 Minuten ▲ Kochzeit: 4 Stunden ▲ Schwierigkeitsgrad: mittel

Zutaten

Für die Rinderbrühe
400 g Beinfleisch vom Rind
1 gebräunte Zwiebel
1 geschälte Karotte
1 Stange grüner Sellerie
½ Stange Lauch
1 Lorbeerblatt
Pfefferkörner

Für das Confit von der Rinderbrust
4 Stücke Rinderbrust vom Mittelteil samt Knochen
Salz
1 große Zwiebel
10 Zehen Knoblauch
2 Lorbeerblätter
1 Zweig Rosmarin
4 Zweige Thymian
4 Stängel Majoran
Pfefferkörner
2 g Kümmelsamen
1 l mildes Olivenöl
1 l neutrales Samenöl

Für die Creme von Röstkartoffeln
200 g Kartoffeln, in der Schale gekocht
Olivenöl extra vergine
20 g weiße Zwiebel, in Würfel geschnitten
½ Knoblauchzehe
150 g Rinderbrühe
50 g Butter

Weiteres
1 Bund Petersilie
Olivenöl extra vergine

Zubereitung

Rinderbrühe

Das Beinfleisch in einem Topf mit 2 l kaltem Wasser aufgießen und die gebräunte Zwiebel, das in Würfel geschnittene Wurzelgemüse, den Lauch und die Aromaten dazugeben. Bei niedriger Temperatur zum Kochen bringen und das Ganze 4 Stunden köcheln lassen. Abseihen und 50 ml davon zur Seite geben, den Rest sanft reduzieren, bis der Fond natürlich bindet, dann bereitstellen.

Rinderbrust

Die Rinderbrust mit Salz würzen und von allen Seiten scharf anbraten. In einen Römertopf geben, die Zwiebel und den Knoblauch abziehen, in grobe Stücke schneiden und zusammen mit den Kräutern und den Gewürzen über das Fleisch geben. Zu gleichen Teilen mit dem Samen- und dem Olivenöl bedecken und bei 100 °C 2–3 Sunden konfieren.

Creme von Röstkartoffeln

Die gekochten und erkalteten Kartoffeln schälen und in Scheiben schneiden. In einer Pfanne mit etwas Öl anbraten und mit Salz würzen, die Zwiebel und den Knoblauch dazugeben, kurz mitrösten und mit der Rinderbrühe aufgießen. Kurz aufkochen und zusammen mit der Butter zu einer Creme pürieren.

Petersilienemulsion

Die Petersilie nur grob entstielen, in Salzwasser blanchieren und in kaltem Wasser abschrecken. Zusammen mit etwas Olivenöl mixen, durch ein Sieb passieren, mit Salz würzen und bereitstellen.

Geschmorte Schalotten

Die Schalotten von der ersten Außenschicht befreien und halbieren, die restliche Schale beibehalten. Die Schalotten auf der Schnittseite mit Olivenöl beträufeln und mit Salz würzen, mit der Schnittseite auf ein Backblech geben und bei 120 °C etwa 15 Minuten schmoren. Anschließend eine Pfanne mit etwas Öl erhitzen und

4 Schalotten
Salz
1 weiße Zwiebel
1 Bund Majoran
8 Scheiben Bauernspeck
6 Stück Gipflerkartoffeln
20 junge Blätter Weißkohl
20 junge Blätter Rotkohl
20 junge Blätter Brokkoli
20 junge Blätter Grünkohl
20 junge Blätter Senfkohl
Kümmelpulver
Rotweinessig
Dijonsenf
Salz
Pfeffer

die Schalotten auf der Schnittseite goldgelb anbraten, zum Schluss mit einer Flocke Butter und Kräutern nach Belieben aromatisieren und am Herdrand bereitstellen.

Röstzwiebeln
Die weiße Zwiebel samt Schale halbieren und mit der Schnittseite auf ein leicht gefettetes Backblech geben, im Ofen bei 200 °C dunkelbraun schmoren, von der Schale befreien, zusammen mit etwas Majoran grob hacken und am Herdrand bereitstellen.
Die Speckscheiben in Öl kross braten, auf einem Küchenpapier abtropfen lassen und fein hacken. Die Gipflerkartoffeln samt Schale kochen und halbieren. In etwas Öl knusprig braten und bereitstellen.

Anrichten
Die Rinderbrust aus dem Öl nehmen und kurz abtropfen lassen, etwas von der Bratkartoffelcreme am Tellerboden anrichten und die Rinderbrust daraufsetzen. Die Kartoffeln, die Röstzwiebeln und die Schalotten über und neben dem Fleisch verteilen, die Petersilienemulsion in Punkten anrichten und das Fleisch mit der reduzierten Rinderbrühe übergießen. Die Kohlblätter mischen und in einer kleinen Schüssel anrichten. Mit zwei Teilen Olivenöl und einem Teil Rotweinessig, etwas Dijonsenf, Salz und Pfeffer eine Vinaigrette herstellen, über den Salat gießen, mit dem gehackten Speck und Kümmel verfeinern und servieren.

Weintipp

Südtiroler Kalterersee Auslese klassisch, Weingut Ignaz Niedrist, Girlan

Mit 90 Prozent Großvernatsch-Trauben und zehn Prozent alten Vernatsch-Spielarten aus der Lage Rungg präsentiert sich dieser klassische Kalterersee als frisch-fruchtiger, gesellig-einladender Rotwein mit zarten Gerbstoffen und saftiger Struktur.

Geeistes Griaßmuas – braune Butter – Preiselbeeren – Zimt

Grießnudeln, Grießnocken, Grießblattlen, Grießsuppe – einfache Gerichte mit Weizengrieß bildeten einst eine willkommene Abwechslung auf dem Speiseplan. Manuel Ebner scheut keinen Aufwand, um mit seinem geeisten »Griaßmuas« den Gast zu verführen.

Für 8–10 Personen ▲ Zubereitung: 60–80 Minuten ▲ Koch-/Backzeit: 25–30 Minuten ▲ Ruhezeit: 2 Stunden
Schwierigkeitsgrad: schwierig

Zutaten

Für das Eis
7 Eigelb
80 g Zucker
200 g Butter
300 ml Milch
150 g Sahne

Für die Meringe
60 g Eiweiß
100 g Zucker

Für das geeiste »Griaßmuas«
500 ml Milch
30 g Grieß
½ Vanilleschote
40 g Eigelb
112 g Meringe

Für die eingelegten Preiselbeeren
½ Vanilleschote
200 g Heidelbeeren
50 g Zucker, 50 g Glukose

Für den Preiselbeersponge
300 g Eiweiß
60 g Zucker
60 g Mandelmehl
60 g Milchpulver
50 g eingelegte Preiselbeeren

Für das Zimtcrumble
60 g Staubzucker
250 g Butter
5 Eigelb, gekocht und passiert
250 g Mehl (Typ 00)
60 g Fecola (Stärke)
30 g gemahlener Zimt
500 g weiße Schokolade

Zubereitung

Eis
Das Eigelb mit dem Zucker schaumig schlagen und bereitstellen. In einem Topf die Butter zerlassen und unter ständigem Rühren bräunen. Die Milch und die Sahne dazugeben, aufkochen und anschließend etwas von der Milch in die Eiermasse geben (temperieren). Anschließend den Rest der Milch dazugeben, zur Rose abziehen (mithilfe von Eigelb binden und eindicken) und in einem Pacojetbehälter gefrieren, mixen und bereitstellen.

Meringe
Das Eiweiß in die Rührmaschine geben und kurz anschlagen. Den Zucker mit etwas Wasser auf 117 °C erhitzen und unter ständigem Rühren in das Eiweiß einrieseln lassen, steif schlagen und bereitstellen.

»Griaßmuas«
Die Milch, den Grieß und die Vanilleschote kochen, bis eine cremige Masse entsteht, vom Herd nehmen und das Eigelb einrühren. Diese Masse kalt rühren, die Meringe unterheben und gefrieren. Anschließend kleine Stücke abbrechen und im Kühlfach bereitstellen.

Preiselbeeren
Die Vanilleschote halbieren und zu den Preiselbeeren geben. 200 ml Wasser mit Zucker und Glukose aufkochen und über die Preiselbeeren gießen. Erkalten lassen und diesen Vorgang noch zweimal wiederholen.

Sponge
Alle Zutaten in einen Pacojetbecher füllen und mit dem Pacojet fünfmal mixen, abseihen und in ein Isi-Whip (Sahnesiphon) füllen. Mit 3 N2O-Kapseln laden und 1 Stunde im Kühlschrank ruhen lassen. Anschließend einen Plastikbecher zur Hälfte damit füllen und in der Mikrowelle bei 800 Watt etwa 20–25 Sekunden garen, auf den Kopf stellen und gefrieren.

Weintipp

Südtiroler Gewürztraminer Passito Canthus, Kellerei Schreckbichl

Ein goldfarbener Wein von hoher Dichte und Intensität mit exotischen Aromen von Mango und Ananas, getrockneten Früchten und Karamellnoten, opulent und mit viel Fruchtsüße und feinem Säurespiel am Gaumen.

Crumble

Den Staubzucker in die weiche Butter einarbeiten. Anschließend das gekochte Eigelb einarbeiten, das Mehl, die Stärke und den Zimt dazugeben und zu einem Teig kneten. 1 Stunde im Kühlschrank ruhen lassen, ausrollen und im Ofen bei 180 °C knappe 10 Minuten backen, durch ein Sieb drücken und in eine Schüssel geben.
Die weiße Schokolade im Wasserbad schmelzen und langsam unter ständigem Rühren mit einem Schneebesen einarbeiten, bis kleine Klümpchen entstehen, kalt stellen und bereithalten.

Anrichten

Den Tellerboden mit etwas Crumble bedecken, 1–2 Nocken Eis daraufgeben und Stücke vom geeisten »Griaßmuas« dazugeben. Aus dem Sponge Stücke brechen, dazwischenlegen, die eingelegten Preiselbeeren darüberverteilen und servieren.

Südtiroler Speck: wenig Salz, wenig Rauch und viel Luft

ZU BESUCH BEI FRANZ INNERHOFER, OBERTIMPFLERHOF

Speck hat in Südtirol eine lange Tradition. Das Fleisch der zur Weihnachtszeit geschlachteten Schweine musste für das ganze Jahr haltbar gemacht werden. Dafür wählte man einen besonderen Weg: die Verbindung des im Mittelmeerraum weit verbreiteten Trocknens an der frischen Luft und des für die Länder im Norden Europas typischen Räucherns.
In der traditionellen Südtiroler Küche galt Speck als das Nahrungsmittel der Bauern und als eine wichtige Protein- und Kraftquelle für die Arbeit auf Hof und Feld. Heute noch ist Speck, serviert mit Schüttelbrot und einem Glas Südtiroler Wein, die beliebteste Südtiroler Marende.
Frische Bergluft, viel Freilauf und eine gentechnikfreie Fütterung sorgen dafür, dass sich die in Südtirol geborenen Schweine im Obertimpflerhof rundum wohlfühlen. »Das ist das Geheimnis der hervorragenden Qualität dieses Fleisches«, ist Franz Innerhofer überzeugt. »Wenig Salz – vor allem kein Pökelsalz –, wenig Rauch und viel Luft«, lautet das Gebot beim Räuchervorgang. Franz Innerhofer nimmt das sehr genau. Der von ihm hergestellte Speck überzeugt durch milde Würze und harmonischen Geschmack. Die Vollendung erfährt der Speck im natürlichen Reifekeller vor Ort, wo er eine Zeit von bis zu einem Jahr verbringt.
Gleich neben dem Speck reifen die Kaminwurzen, denen die leichte Räucherung mit Wacholderbeeren eine besondere Note verleiht. Mild und ausgeglichen im Geschmack präsentiert sich der Rohschinken, der mit harzarmem Buchenholz leicht angeräuchert wird. Eine besondere Spezialität stellt die Bauernsalami dar: Sie wird nicht geräuchert, sondern erhält ihre feine Würze durch die sorgfältige Reifung im Steinkeller.
Und wie wird Südtiroler Speck richtig genossen? Franz Innerhofer zählt auf:

»Viele bevorzugen den Speck hauchdünn mit der Aufschneidemaschine geschnitten, andere schwören auf die traditionelle Methode und schneiden den Speck mit der Hand: mit oder ohne Kruste, als Würfel, Scheiben oder dünne Streifen.«

Heimatverbundenheit, Courage und Kreativität

MARKUS HOLZER, »JORA MOUNTAIN DINING«

Die Jorahütte in Innichen liegt auf 1.325 Metern Höhe im UNESCO-Weltnaturerbe der Dolomiten. Im »Jora Mountain Dining« treffen alpine und mediterrane Küche aufeinander und werden von Markus Holzer raffiniert vereint. Verbundenheit mit der Heimat, gepaart mit Courage zu Kreativität, bildet die Basis der Gerichte, die im Restaurant serviert werden.
Markus Holzer konstatiert: »Bei der Zusammensetzung der Speisekarte ist es uns wichtig, sowohl traditionelle Gerichte als auch eigene Kreationen anzubieten. Beide wollen wir auf eine zeitgemäße Art und Weise präsentieren.« Alles wird frisch und mit hochwertigen und naturbelassenen Produkten zubereitet. Große Aufmerksamkeit legt der Chef auf die Herkunft der Grundprodukte, die vorwiegend von heimischen Bauern bezogen werden. Markus Holzers Passion gilt selbst gemachter Pasta: Seine einzigartigen Kreationen haben ihn als Pasta-König am Fuß des Haunolds bekannt gemacht.

MARKUS HOLZER

Jahrgang 1982, führten Ausbildung und Lehrjahre quer durch Südtirol, Italien und Deutschland, unter anderem auch zu Sternekoch Norbert Niederkofler. 2006 übernahm er den elterlichen Betrieb auf der Jorahütte. Von 2015 bis 2018 war der Autor mehrerer Kochbücher auch als Fernsehkoch in der RAI 1-Sendung »La prova del cuoco« zu erleben.
Lieblingsgericht: Melchamuiss mit Boxilemehl (Johannisbrotmehl)

MARKUS HOLZER

Fagottini mit Wachtel, Rohne und Trüffel

»Ein Gericht soll nie als etwas Starres angesehen werden, sondern ständig in Bewegung bleiben«, ist Markus Holzer überzeugt. Entsprechend präsentiert er seine Gerichte: von raffiniert einfach bis exklusiv und extravagant.

Für 4 Personen ▲ Zubereitung: 90 Minuten ▲ Kochzeit: etwa 3 Stunden ▲ Schwierigkeitsgrad: mittel

Zutaten

Für die Wachtel-Portweinjus
250 g Wachtelkarkassen
60 g Wurzelgemüse (Zwiebeln, Karotten, Sellerie)
15 g Lauch, gewaschen
30 ml Sonnenblumenöl
5 g Tomatenmark
50 ml weißer Portwein
2 l Geflügelfond
2 Zweige Thymian
2 Blätter Salbei
Salz

Für die Wachtelfüllung
2 Wachtelbrüstchen (60 g), ohne Haut
30 ml Sahne
10 g Eiweiß
50 g Wurzelgemüse (Zwiebeln, Karotten, Sellerie, Lauch)
6 Wachtelkeulen (150 g)
8 g Salz
1 g Currypulver
10 ml Olivenöl extra vergine
20 ml weißer Portwein
1 Zweig Thymian
2 Blätter Salbei

Für den Rohnen-Nudelteig
200 g Mehl (Typ 0)
50 g Hartweizenmehl (Semola di grano duro rimacinata)
55 ml Rohnensaft
1 Ei

Für die Rohnencreme
5 ml Olivenöl
40 g Rohnen, geschält

Zubereitung

Wachtel-Portweinjus
Die Karkassen etwa 40 Minuten bei 180 °C im Ofen rösten. Das Gemüse grob würfeln und alles in einem Topf mit dem Sonnenblumenöl anrösten. Das Öl abgießen und das Tomatenmark mitrösten. Die Karkassen zufügen und mit dem Portwein löschen. Den Geflügelfond aufgießen und etwa 2 Stunden köcheln lassen. Immer wieder abschäumen und entfetten. Die letzten 15 Minuten die Kräuter mitkochen lassen. Durch ein Etamin (Passiertuch) drücken und reduzieren. Bei Bedarf nachsalzen.

Wachtelfüllung
Die Wachtelbrüstchen mit der Sahne, dem Eiweiß und etwas Gemüse aus der Jus zu einer Farce mixen und diese kalt stellen.
Das gewaschene Gemüse klein würfeln und auf ein Blech geben.
Die zugeputzten Wachtelkeulen mit dem Salz und dem Currypulver würzen und auf das Gemüse legen. Das Olivenöl darüberträufeln.
Im Ofen bei 140 °C für etwa 20 Minuten braten. Nach 15 Minuten einen Schuss weißen Portwein dazugeben. Das Fleisch und die Haut der Keulen von den Knochen zupfen, mit den Kräutern hacken und unter die Farce mischen.

Rohnen-Nudelteig
Die Zutaten in einer Schüssel vermischen und anschließend kräftig kneten. Dann vakuumieren und etwa 15 Minuten ruhen lassen. Den Teig hauchdünn ausrollen. In 5 mal 5 cm große Quadrate schneiden, die Wachtelfüllung mit einem Spritzbeutel in die Mitte geben. Mit einer Sprühflasche befeuchten. Alle vier Ecken über der Füllung zusammendrücken und die Ränder gut verschließen.

Rohnencreme
Das Olivenöl in einem Töpfchen erhitzen, das Gemüse kurz darin schwenken und die Flüssigkeiten aufgießen. Weich garen, abschmecken, fein mixen und warm stellen.

10 ml Rohnensaft
30 ml Sahne
1 Prise Kümmelpulver
1 g Salz

Für die Fertigstellung
4 Wachtelbrüstchen (120 g)
2 g Salz
10 ml Olivenöl extra vergine
1 l heller Geflügelfond
40 g schwarzer Trüffel

Anrichten

Die Wachtelbrüstchen würzen und auf der Hautseite im Olivenöl anbraten. Sobald die Haut knusprig ist, kurz auf der anderen Seite anbraten und 2 Minuten ruhen lassen.
Die Fagottini im erhitzten Geflügelfond etwa 2–3 Minuten köcheln lassen.
Die Rohnencreme auf den Tellern anrichten, die Fagottini auf die Teller geben, die Wachtelbrüstchen schneiden und dazulegen. Die Wachteljus dazu anrichten, den Trüffel darüberhobeln und servieren.

Weintipp

Südtiroler St. Magdalener Elda, Weingut Nusserhof, Bozen

Ein klassischer St. Magdalena mit 85 Prozent Vernatsch-Trauben, etwas Lagrein und anderen Sorten, zwei Jahre im großen Holzfass ausgebaut und anschließend 20 Monate in der Flasche gereift, entfaltet eine intensive Nase nach Himbeeren, Sauerkirsche, Veilchen und feuchtem Waldboden, er punktet mit reifen, saftigen Gerbstoffen und anregender Säure.

Offener Raviolo mit Saibling, Safran und Schwarzkohl

Die regionale Küche werde gerne als ein Trend bezeichnet, sei aber eine einfache Folge der Globalisierung, meint Markus Holzer. »Wenn es überall das Gleiche gibt, muss ich mir das Besondere vor Ort herauspicken, das, was sonst kein anderer hat. Ehrlich und authentisch zu kochen, heißt für mich, dass man das macht, wozu man einen Bezug hat.«

Für 4 Personen ▲ Zubereitung: 60–80 Minuten ▲ Kochzeit: 30–40 Minuten ▲ Dörrzeit: 12 Stunden
Schwierigkeitsgrad: mittel

Zutaten

Für den Safran-Nudelteig
80 g Mehl (Typ 0)
20 g Hartweizenmehl
46 g Vollei
1 g Safran

Für den Nudelteig mit Holzkohle
80 g Mehl (Typ 0)
20 g Hartweizenmehl
46 g Vollei
2 g Holzkohlepulver

Für die Schwarzkohlcreme
250 g Blätter Schwarzkohl
20 g Butter
Muskatnuss
Salz
100 ml Sahne

Für die Fertigstellung
250 g Saiblingfilets
2 EL Olivenöl extra vergine
8 Safranfäden
50 ml Fischfond
Salz
Maldonsalz
Schwarzkohlchips

Zubereitung

Nudelteige

Für beide Teige die Zutaten jeweils in einer Schüssel vermischen und anschließend kräftig kneten. Dann die Teige vakuumieren und etwa 15 Minuten ruhen lassen. Die Nudelteige rechteckig etwa 5 mm dick ausrollen, befeuchten und übereinanderlegen, dann zweimal halbieren und wieder aufeinanderlegen. Erneut vakuumieren, damit sich die Schichten verbinden.
Diesen Teig hauchdünn in Streifenrichtung ausrollen, anschließend in 7,5 mal 7,5 cm große Quadrate schneiden.

Schwarzkohlcreme

Den Schwarzkohl reinigen, waschen und kurz in Salzwasser blanchieren. 4 Blätter über Nacht bei 60 °C im Dörrapparat trocknen lassen. Die Butter in einem Töpfchen schmelzen, den restlichen Schwarzkohl darin dünsten, würzen und mit der Sahne aufgießen, cremig einkochen und fein mixen.

Saibling

Den Saibling von der Haut befreien. Diese zwischen 2 Blechen und Backpapier auslegen, im Ofen bei 200 °C 10 Minuten trocknen und anschließend salzen. Den Saibling in 4 Portionen aufteilen. Mit dem Olivenöl, dem Fischfond und dem Safran vakuumieren und 3 Minuten bei 55 °C im Wasserbad garen. Mit Maldonsalz würzen.
Die Nudelblätter in Salzwasser etwa 2 Minuten kochen und im Saiblingssud schwenken.

Anrichten

Die Schwarzkohlcreme auf den Tellern verteilen, die Saiblingsfilets zwischen zwei Nudelblättern darauf anrichten. Knusprige Fischhaut und Schwarzkohlchips daraufgeben.

Weintipp

Eisacktaler Riesling Praepositus, Stiftskellerei Neustift

Aromen von Feuerstein, kandierter Zitrone, Pfirsich, Aprikosen und etwas Blutorange prägen diesen Riesling der Stiftskellerei Neustift. Am Gaumen öffnet sich der Wein mit feinem Säurespiel, knackig und mit frischer Frucht, lang anhaltend und mit leicht salzig-saftigem Finale.

Schnittlauch-Schlutzkrapfen mit Ziegenmilch, Radicchio und Mohn

Schlutzkrapfen sind das Südtiroler Pastagericht par excellence. Traditionell kommen sie mit der klassischen Topfen-Spinat-Füllung auf den Tisch. Markus Holzer bringt neue Elemente ins Spiel: die cremige Säure der Ziegenmilch, die leicht bitteren Noten des Radicchio und die krokante Süße des Mohns – ein spannendes Zusammenspiel.

Für 4 Personen ▲ Zubereitung: 40–60 Minuten ▲ Kochzeit: 25–30 Minuten ▲ Ruhezeit: 1 Nacht
Schwierigkeitsgrad: mittel

Zutaten

Für die Ziegenmilchfüllung
30 g Butter
30 g Mehl
500 ml Ziegenmilch
Muskatnuss
Salz
50 g Ziegenfrischkäse

Für den Teig
1 Bund Schnittlauch
4 Eier
200 g helles Roggenmehl
200 g Weizenmehl (Typ 0)
100 g Weizenvollkornmehl
Salz

Für die Fertigstellung
2 Stück Radicchio tardivo
Olivenöl extra vergine
4 EL Mohn
50 g Butter

Zubereitung

Füllung

Die Butter schmelzen und das Mehl einrühren. Die Milch aufkochen, abschmecken und die Butter-Mehl-Mischung einrühren, nochmals aufkochen. Mit Salz und Muskat würzen. Vom Herd nehmen und den zerbröselten Frischkäse darin schmelzen. Über Nacht in den Kühlschrank stellen.

Teig

Den Schnittlauch fein schneiden und mit den Eiern mixen. Anschließend mit den Mehlsorten zu einem glatten Teig kneten. In Folie einwickeln und kurz ruhen lassen. Wasser für die Schlutzer aufsetzen. Den Teig dünn ausrollen, die Füllung mit einem Spritzbeutel in kleinen Häufchen auf die Hälfte des Teiges auftragen. Teig leicht befeuchten (am besten mit einer Sprühflasche), die andere Hälfte darauflegen und um die Füllung herum andrücken. Halbmonde ausstechen und 2–3 Minuten im Salzwasser kochen.

Anrichten

Den Radicchio schneiden und kurz im heißen Olivenöl in einer Pfanne schwenken. Die Schlutzkrapfen auf den Tellern anrichten, mit dem Mohn und der braunen Butter übergießen. Den Radicchio darauf anrichten.

Weintipp

Eisacktaler Grüner Veltliner, Weingut Garlider, Christian Kerschbaumer, Feldthurns

»Dem Glas entsteigt ein Duftspiel aus exotischen Früchten mit reizvollen pflanzlichen Untertönen und fesselnder Mineralität«, freut sich Markus Holzer. »Den Gaumen füllt der Bio-Wein mit prunkvoller Dichte, ohne dabei an Frische und Trinkbarkeit zu verlieren.«

Graukäse und Sauerrahmbutter

ZU BESUCH BEI PAUL PETER WEITLANER, VEIDERHOF

Paul Peter Weitlaner produziert auf dem Veiderhof in Vierschach, an der Landesgrenze zu Osttirol, Sauerrahmbutter und Graukäse aus hofeigener Milch und nach alter Tradition und Handwerkskunst. »Graukäse wurde schon vor Jahrhunderten auf unseren Südtiroler Almen hergestellt«, erzählt der Käsebauer. »Er diente vorwiegend zur Verwertung der Magermilch, die nach dem Abschöpfen des Rahms für die Butterherstellung übrig blieb.«

Ausgangsprodukt für den Graukäse bildet also die abgerahmte Milch. Diese wird mit Milchsäurebakterien versetzt und nach der Gerinnung erwärmt. Dem Käsebruch wird Salz zugegeben. Dann wird der Sauermilchtopfen bei Zimmertemperatur in Formen gepresst und reift bei 18–20 °C 10 bis 20 Tage lang von außen nach innen. Der graugrüne Naturschimmel sorgt für die Entfaltung des Aromas mit zarten Bitternoten und gibt dem Käse auch seinen Namen. Reifer Graukäse hat eine dünne, etwas rissige Rinde und ist häufig mit einer leicht grünlich-grauen Edelschimmelschicht überzogen. Der Teig ist weißlich-gelb, am Rand meistens etwas trocken und nach innen im reifen Zustand speckig mit einzelnen, nicht durchgereiften Quarkflecken.

»Mit zunehmender Reife entwickelt der Graukäse ein immer intensiveres Aroma und entfaltet einen würzigen, kräftigen Geschmack«, beschreibt ihn Paul Peter Weitlaner. »Mit seinem außerordentlich geringen Fettanteil – zwischen null und zwei Prozent in der Trockenmasse – stellt er eine gesunde und bekömmliche Alternative zu manch fettreichen Artgenossen dar.«

Das einstige Arme-Leute-Essen gilt heute als kulinarischer Geheimtipp und regionale Delikatesse.
Ein Tipp vom Veiderhof-Bauer:

» Graukäse wird in typischen Südtiroler Gerichten wie Kaspressknödeln oder Kasnocken und Graukassuppe verwendet. Klassisch aufgetischt, wird Graukäse auch mit Essig, Öl und Zwiebeln angemacht oder auf Bauernbrot mit Butter.«

Unverwechselbar modern und harmonisch einfach

CHRIS OBERHAMMER, »TILIA«

Das »Tilia« hat sich zu einem Hochpustertaler Gesamtkunstwerk aus Ambiente, Küchen- und Weinkultur entwickelt. Sternekoch Chris Oberhammer verwöhnt seine Gäste mit unverwechselbarem Stil, modern und mit Beständigkeit, mit geschmacklicher Harmonie im Spiel der Aromen, höchster Qualität und allerbesten Produkten – kurzum: »eine Küche, die das Produkt besingt«, wie der Küchenchef unterstreicht.
Geprägt und inspiriert von seiner Südtiroler Heimat auf der einen und der französischen Kochkultur auf der anderen Seite, räumt Chris Oberhammer den Erzeugnissen, Düften und Farben der Region besonderen Stellenwert ein: »Gute Produkte brauchen keine Schnörkel, wenn man sie mit Respekt zubereitet und serviert.« Klingt einfach. Ist es aber nicht. Nachhaltigkeit, Regionalität, Achtung und Ehrlichkeit gehören zu den Voraussetzungen dafür.

CHRIS OBERHAMMER

1973 geboren, verbrachte seine prägenden Lehrjahre in belgischen und französischen Küchen: In Belgien lernte er die klassische französische Küche kennen, bei Jahrhundertkoch Alain Ducasse in Monaco die südfranzösische und italienische. Seit 2001 führt er – zuerst in Vintl und seit einem Jahrzehnt in Toblach sein eigenes Gourmetrestaurant »Tilia«.
Lieblingsgericht: Milchreis mit Rosinen

Dinkelsuppe mit Wintergemüse

»Wer gesund werden oder bleiben möchte, esse diese Suppe fleißig«, schrieb bereits Hildegard von Bingen, die berühmte Benediktinerin und Universalgelehrte: »Sie ist nahrhaft, wärmend und verfügt über ein heilendes Potenzial.« Chris Oberhammer verfeinert seine Version der Dinkelsuppe mit Wintergemüse und frischen Kräutern.

Für 4 Personen ▲ Zubereitung: 20 Minuten ▲ Kochzeit: 50 Minuten ▲ Schwierigkeitsgrad: leicht

Zutaten

200 g eingeweichter Dinkel, 1 Tag vorher aufquellen lassen
1 Zwiebel
Olivenöl extra vergine
1 l Hühnerbrühe (Variante für Vegetarier und Allergiker: Gemüsetee-Aufguss)
Wintergemüse: Karotten, Topinambur, Pastinaken, Petersilienwurzel, Wirsing, getrocknete Hülsenfrüchte
25 g getrocknete Steinpilze
Salz und Pfeffer
frische Kräuter: Basilikum, Majoran, Kerbel

Zubereitung

Den abgeseihten Dinkel mit der grob geschnittenen Zwiebel in Olivenöl leicht andünsten. Mit der Hühnerbrühe aufgießen und etwa 20 Minuten leicht kochen lassen. Anschließend das geschnittene Wintergemüse – das harte etwas kleiner geschnitten, das weiche etwas größer – und die Steinpilze dazugeben. Die Suppe weitere 20 Minuten leicht köcheln lassen. Mit Salz und Pfeffer abschmecken.

Anrichten

Mit den frischen Kräutern und Olivenöl vollenden.

Weintipp

Südtiroler Vernatsch Donà Rouge, Hartmann Donà, Girlan

Mit dem Donà Rouge hat Hartmann Donà versucht, etwas Besonderes aus der heimischen Rebsorte Vernatsch zu entwickeln. Das zum Teil vergessene und verkannte Potenzial dieser alten Rebsorte soll neu interpretiert und wiederentdeckt werden. Der zwei Jahre lange Holzfassausbau und die Flaschenreife von ebenfalls zwei Jahren formen für »Tilia«-Sommelière Anita Mancini einen »charaktervollen, würzigen und geschmeidigen Rotwein mit großer Harmonie und Tiefe«.

Polentasoufflé mit Graukas

Polenta, der aus Maisgrieß hergestellte feste Brei, gehört vor allem im Süden Südtirols zur regionalen Kochtradition und war einst fester Bestandteil der Arme-Leute-Küche. Heute hält der »Plent« erneut Einzug in die Küchen und wird auf kreative Art und Weise verfeinert, so wie in diesem Rezept von Sternekoch Chris Oberhammer.

Für 4 Personen ▲ Zubereitung: 30 Minuten ▲ Kochzeit: 25–30 Minuten ▲ Schwierigkeitsgrad: leicht

Zutaten

400 ml Milch
100 g Polenta (Maisgrieß)
Salz und Pfeffer
70 g Butter
200 g Graukas
3 Eigelb
3 Eiweiß
Parmesankäse, gerieben

Zubereitung

Die Milch in einem Topf zum Kochen bringen. Die Polenta einrühren, etwa 5 min einkochen lassen und mit Salz und Pfeffer abschmecken. Anschließend das Ganze in die Rührmaschine oder in eine Schüssel umfüllen und mit einem Rührgerät die Butter und den zerbröselten Graukas nach und nach einschlagen. Das Eigelb dazugeben und leicht kalt rühren. Das geschlagene Eiweiß unterheben und die Masse in passende Formen füllen. Mit Parmesankäse bestreuen und im Ofen bei 170 °C etwa 20 Minuten ausbacken.

Anrichten

Das Polentasoufflé in Scheiben schneiden, mit einigen Salatblättern garnieren und heiß servieren.

Weintipp

Südtiroler Blauburgunder Vigna Hausmannhof, Weingut Haderburg, Buchholz

Sommelière Anita Mancini empfiehlt zum Polentasoufflé mit Graukas den Blauburgunder Vigna Hausmannhof mit seinen »Brombeer- und Kirschtönen, seinen elegant würzigen Holznoten und leichten Röstaromen. Im Trunk ist der Wein sehr saftig, harmonisch, mit weichen Tanninen und frischem Abgang«.

Melchamuiss mit Lebkuchencrumbles

Das Melchamuiss ist ein einfaches, kräftiges Essen, das sich einst vor allem die Senner auf den Almen zubereitet haben. Das traditionelle bäuerliche Gericht wurde über offenem Feuer gekocht und direkt aus der Eisenpfanne gegessen. Chris Oberhammer verwandelt das Melchamuiss seiner Kindheit leicht und interpretiert es neu.

Für 4–6 Personen ▲ Zubereitung: 20 Minuten ▲ Kochzeit: 40 Minuten ▲ Schwierigkeitsgrad: leicht

Zutaten

50 g Butter
1 l Milch
4 EL weißes Maismehl
1 EL feiner Grieß
1 TL Zucker
1 Prise Vanille
Lebkuchencrumbles (Streusel)

Zubereitung

Die Butter in einer Eisenpfanne schmelzen lassen. Die Milch dazugeben und mit dem Schneebesen das Maismehl, den Grieß, den Zucker und die Vanille einrühren. Unter ständigem Rühren zum Kochen bringen. Auf mittlerer Flamme ungefähr 20–30 Minuten köcheln lassen.
Nun nicht mehr rühren, damit am Boden eine schöne Kruste entsteht. Danach etwas abkühlen lassen. Erneut etwas Butter erhitzen, bis sie schön braun ist.

Anrichten

Die braune Butter über das Melchamuiss gießen. Mit Lebkuchencrumbles (Streusel) bestreuen und in der Pfanne servieren.
Tipp: Melchamuiss löffeln alle gemeinsam aus der Pfanne.

Getränketipp

Zum Melchamuiss passt für Chris Oberhammer am besten ein Glas frische Südtiroler Heumilch.

Südtiroler "Plent" – einst täglich auf dem Tisch

ZU BESUCH BEI MARIAGRAZIA UND CHRISTIAN GIOVANETT, RÖMERHOF

Was andernorts in Südtirol die Kartoffeln waren, das war im Südtiroler Unterland und im Überetsch über Jahrhunderte hindurch der »Plent« – ein Maisgrieß-Gericht, das für die Landbevölkerung in verschiedenen Formen als unentbehrliches Grundnahrungsmittel den Alltag prägte. Gekocht, geröstet oder gebraten, mit Wurst und Käse, mit Gulasch und Kraut sowie mit Milch oder Gerstenkaffee – der »Plent« bildete jederzeit eine nahrhafte Beilage. Einige Jahrhunderte lang wurde in den trockengelegten Auen entlang der Etsch Mais angebaut – bis dieser vor einem guten Jahrhundert dem lukrativeren Apfelanbau weichen musste.

Vor 20 Jahren bekam Christian Giovanett von seinem Cousin Max eine seltene alte Maissorte, die bis vor 50 Jahren im Südtiroler Unterland als »Tirggplent« bekannt war. Er begann damit, das orange Korn auf seinen Äckern im Traminer Moos anzubauen. Die Körner verarbeitete er in der hofeigenen alten Steinmühle für den Eigenverbrauch. Die daraus zubereitete Polenta schmeckte allen. Und Christian Giovanett beschloss gemeinsam mit seiner Frau Mariagrazia, den »Traminer Plent« in größerem Stil anzubauen.

Die sortentypisch orangeroten Maiskörner werden nach mehreren traditionellen Arbeitsgängen (»oklaubn«, »tschilln«, »aufhängn«, »omochn«) selber gemahlen – als ganzes Korn natürlich, damit sämtliche Vitamine und Mineralstoffe erhalten bleiben. Fünf verschiedene glutenfreie Maismehlarten bietet die Familie Giovanett heute zum Verkauf. Eines der Aushängeschilder ist das Vollkornmaismehl: naturbelassen und schonend nach traditionellem Verfahren verarbeitet.

Ganz neu im Angebot ist seit 2020 der erste in Südtirol erzeugte Reis. Auf einem kleinen Feld hat Christian Giovanett versuchsweise die lombardische Reissorte S. Andrea angebaut und erstmals geerntet. Mit großem und vielversprechendem Erfolg.
Der Südtiroler »Plent« erobert sich langsam wieder einen festen Platz in der Küche des Landes und bildet die Grundlage für stimmige und schmackhafte Gerichte. Als typisch lokales Produkt hat er es sogar zu Ehren in der gehobenen Küche gebracht: als Gemüsepolenta und Polentanocke, -puffer und -gratin ... In Kaltern und Tramin kocht noch so mancher Bauer während der Weinlese für seine Erntehelfer die Polenta im kupfernen Plentnkessel am offenen Feuer im Weinberg. Dazu gibt es Würste und Käse und ein gutes Glas Kalterersee natürlich.

Mühle 1

RÖMERHOF
Traminer-Plent

PATRICK UNTERRAINER, »ANNONA – ALPINE CUISINE«

2005 übernahm Michael Oberhollenzer den Moserhof in Steinhaus im Ahrntal von seinen Eltern und baute schon bald eine Hofkäserei samt -laden auf. Gleichzeitig initiierte er »Ahrntal Natur«, dessen Ziel war, »die regionalen Produkte von kleinen Produzenten in Südtirol salonfähig zu machen und sie in die heutige Qualitäts- und Preiskategorie zu begleiten«.
Zehn Jahre später gründete Michael Oberhollenzer gemeinsam mit dem Küchenchef Daniel Niederkofler »Annona« – ein Konzept, »das die Vision der alpinen Küche aufgreift und eine gesunde, unverfälschte und natürliche Küche bietet, die die Aromen unserer Täler mit hochwertigen regionalen und saisonalen Zutaten kombiniert«.
2019 übersiedelte das Restaurant nach Sand in Taufers und 2020 übernahm Patrick Unterrainer die Rolle des Küchenchefs im neuen »Annona«. Er sagt: »In unserer Alpine Cuisine haben wir uns wiedergefunden mit unserem Kreislauf von Natur, Jahreszeiten, Land-, Alm- und Jagdwirtschaft, von Leben und Arbeiten am Bergbauernhof und in der Gourmetküche. Dabei helfen wir Menschen, qualitativ hochwertige, ehrliche Produkte zu genießen und neu zu erleben.«

PATRICK UNTERRAINER

Jahrgang 1989, arbeitete nach Abschluss seiner Kochausbildung in verschiedenen Sterneküchen – im Hotel »Castel« in Dorf Tirol, im »Trofana Royal« in Ischgl und im »Chlösterli« in Gstaad. Stark beeindruckt hat ihn die gelebte und praktizierte Regionalität im »Steirereck« in Wien. Diese soll als Vorbild für die künftige Entwicklung der »Annona«-Idee dienen.
Lieblingsgericht: je nach Jahreszeit, im Frühjahr Spargel mit Bozner Sauce, im Sommer Graukas mit Zwiebeln und Weinessig, im Herbst/Winter Surfleisch mit Sauerkraut

Dinkelrisotto – Salami vom Villnösser Brillenschaf – Wurzelgemüse – Käsepulver

Dinkel, die alte und robuste, gesunde und vielseitige Weizenart, erobert langsam wieder die Speisekarten. Ähnliches gilt für Südtirols älteste Schafrasse, das Villnösser Brillenschaf. Dieses wäre längst ausgestorben, wenn nicht heimische Schafzüchter um die Erhaltung dieser Rasse kämpfen und heute einzigartige Delikatessen davon anbieten würden. Küchenchef Patrick Unterrainer vereint die beiden traditionsreichen Produkte zu einem spannenden Gericht.

Für 4 Personen ▲ Zubereitung: 30 Minuten ▲ Kochzeit: 30–40 Minuten ▲ Trockenzeit: 3 Tage
Schwierigkeitsgrad: leicht

Zutaten

200 g schnittfester Käse
160 g Dinkelkörner
1 EL Olivenöl
3 EL trockener Weißwein (Südtiroler Pinot Grigio)
230 ml Gemüsefond
30 g Sellerieknolle, gewürfelt
30 g Karotte, gewürfelt
1 Prise Pfeffer
1 Prise Salz
60 g Salami vom Villnösser Brillenschaf, gewürfelt
2 EL Butter

Zubereitung

Den Käse in kleine Würfel schneiden und 3 Tage im Raum trocknen. Nach dem Trockenprozess bei 190 °C im Ofen 3–5 Minuten backen. Anschließend in kaltem Zustand fein mahlen.
Den Dinkel in dem Olivenöl anschwitzen, mit dem Weißwein ablöschen, den Gemüsefond aufgießen und etwa 20 Minuten leicht köcheln lassen. Dann die Sellerie- und die Karottenwürfel hinzufügen und dünsten, bis das Gemüse weich ist. Nach Belieben salzen und pfeffern.
Die gewürfelte Salami beifügen. Die Butter zum Schluss unterrühren, bis eine cremige Konsistenz entsteht.

Anrichten
Auf einem Teller anrichten und mit Käsepulver bestreuen.

Weintipp

Le Viogn, Weingut Tröpfeltalhof, Andreas Dichristin, Kaltern
Gekeltert aus Viognier und einem kleinen Teil Sauvignon, bereichert und unterstützt der Wein das Gericht mit schöner Säure und spannungsgeladener Mineralität. Reife Frucht und ein kräftiger Körper vereinen sich wunderbar mit dem fein-würzigen Geschmack des Risottos. »Die Kombination und Kraft von Sonne, Natur, Mensch und Tier spürt und schmeckt man in diesem bio-dynamisch erzeugten Wein besonders gut«, ist Sommelière Elisabeth Trenker überzeugt.

Rehrückenfilet – Heidelbeere – Süßkartoffel – Sanddorn – knuspriger Grünkohl

Wild, Heidelbeeren und Sanddorn fand man immer schon im Wald. Grünkohl wuchs auf dem Acker. Nur die Süßkartoffeln hat Patrick Unterrainer diesem Wildgericht hinzugefügt, und natürlich neue Kochtechniken und Zubereitungsarten. Ein schmackhaftes Gericht für kalte Herbst- und Wintertage.

Für 4 Personen ▲ Zubereitung: 60 Minuten ▲ Kochzeit: 2–3 Stunden ▲ Trockenzeit: mehrere Stunden
Schwierigkeitsgrad: mittel

Zutaten

1 Rehrücken (mit Knochen)

Für die Heidelbeersauce
100 g Zwiebeln, gewürfelt
100 g Sellerie, gewürfelt
100 g Karotten, gewürfelt
2 EL Tomatenmark
200 ml trockenen Rotwein (Südtiroler Lagrein)
frische Heidelbeeren oder Heidelbeermarmelade

Für die Süßkartoffelcreme
500 g Süßkartoffeln
250 ml Milch
250 ml Sahne
Salz und Pfeffer

Für das Sanddornleder
200 g Sanddornmark

Für den knusprigen Grünkohl
300 g Grünkohl
Olivenöl extra vergine
Weißweinessig
Salz und Pfeffer

Zubereitung

Den Rehrücken vom Knochen lösen und parieren. Die Filets kalt stellen. Die Knochen für die Heidelbeersauce verwenden.

Heidelbeersauce

Die Knochen in vier Teile teilen und in einem Topf bei hoher Temperatur anrösten. Sobald die Knochen eine dunkle Farbe annehmen, die Zwiebel-, Sellerie- und Karottenwürfel hinzufügen und mitrösten. Dann das Tomatenmark dazugeben und ebenfalls mitrösten. Mit dem Rotwein ablöschen und das Ganze reduzieren. Den Topf mit Wasser auffüllen und stark einkochen lassen. Den einreduzierten Saft bei Bedarf mit etwas Stärke binden. Heidelbeeren und/oder Heidelbeermarmelade hinzufügen und beiseitestellen.

Süßkartoffelcreme

Die Süßkartoffeln schälen, in Würfel schneiden und mit der Milch, der Sahne und Salz weich kochen. Anschließend die Süßkartoffeln abseihen und mit einem Mixer fein pürieren, salzen und pfeffern.

Sanddornleder

Das Sanddornmark dünn auf eine Silikonmatte aufstreichen und bei 57 °C im Dörrgerät trocknen (alternativ auch im Ofen). Es sollte eine Art Leder dabei entstehen.

Knuspriger Grünkohl

Die Grünkohlblätter vom Stiel entfernen, salzen und pfeffern und mit Olivenöl, Essig und Salz marinieren. Diese dann ebenfalls im Dehydrator trocknen.
Die Rehrückenfilets auf allen Seiten salzen und anbraten. Danach im Ofen bei 85 °C garen, bis eine Kerntemperatur von 55 °C erreicht ist.

Anrichten

Das Rehfilet mit dem Sanddornleder umwickeln und portionieren.
Mit Heidelbeersauce, Süßkartoffelpüree und knusprigem Grünkohl servieren.

Weintipp

Südtiroler Blauburgunder Mason di Mason, Weingut Manincor, Kaltern

»Von Sinnlichkeit und feiner Eleganz spricht Graf Michael Goëss-Enzenberg, wenn er von seinem Blauburgunder Mason di Mason erzählt«, schwärmt »Annona«-Sommelière Elisabeth Trenker. Der Rehrücken mit seiner eleganten Aromatik wird von diesem feinfühligen Blauburgunder aus den sonnenverwöhnten Lagen am Kalterer See hervorragend begleitet. »Der Wein begeistert mit reifen Fruchtaromen und frischer, mineralischer Würze, mit Komplexität und einer dichten Struktur mit Balance und Harmonie im Abgang.«

Pastinake – Nougat – Malz – Zirbans-Bier

Haselnüsse, Heumilch, Sahne, Gerstenmalz, Eier – Zutaten aus der unmittelbaren Umgebung prägen dieses Dessert von »Annona«-Küchenchef Patrick Unterrainer. Nougat, Amaretto-Likör und Pastinaken waren einst zwar Fremdwörter, zaubern in ihrem harmonischen Zusammenspiel aber ein feines Dessert auf den Tisch.

Für 4 Personen ▲ Zubereitung: 60 Minuten ▲ Kochzeit: 2–3 Stunden ▲ Schwierigkeitsgrad: mittel

Zutaten

Für die Pastinaken
3 Pastinaken
Salz
Olivenöl

Für die Nougatcreme
120 ml Sahne
120 g Nougat
40 g geriebene Haselnusskerne
1 Schuss Amaretto-Likör (Disaronno)

Für das Gerstenmalzeis
80 g Muscovado-Zucker
200 ml Sahne
200 ml Heumilch
20 g Gerstenmalz
5 Eigelb
20 g Glukose
1 Blatt Gelatine

Für das Bierkaramell
100 g Zucker
1 Schuss Zirbans-Bier von Gustahr

Zubereitung

Pastinaken

Die Pastinaken schälen. Zwei Stück längs halbieren und in gleichmäßige Stifte schneiden. Die andere Pastinake längs in dünne Scheiben schneiden. Die Stifte kurz im Salzwasser blanchieren und dann im Ofen bei 160 °C mit Olivenöl hellbraun rösten. Die Scheiben in der Fritteuse bei 150 °C frittieren.

Nougatcreme

Die Sahne mit dem Nougat erwärmen und abkühlen lassen. Die geriebenen Nusskerne und einen Schuss Amaretto untermischen.

Gerstenmalzeis

Den Muscovado-Zucker in einem Topf karamellisieren lassen und mit Sahne und Milch ablöschen. Das Gerstenmalz hinzufügen und durchsieben. Mit dem Eigelb die Eiscreme binden und dann mit der Glukose und der Gelatine vermengen. In der Eismaschine gefrieren lassen.

Bierkaramell

Den Zucker karamellisieren und mit Bier ablöschen.

Anrichten

Die Pastinaken auf die Teller geben. Mit einigen Tropfen Nougatcreme dekorieren, je eine Kugel Gerstenmalzeis danebensetzen und diese mit Bierkaramell beträufeln. Nach Belieben mit Kräutern oder Blüten dekorieren.

Weintipp

Gewürztraminer Passito Cresta,
Weingut Hans Rottensteiner, Bozen

Die Gewürztraminertrauben für den Passito Cresta vom Bozner Weingut Hans Rottensteiner werden fünf Monate lang auf Gittern getrocknet und anschließend gepresst. Der Wein besticht mit Noten von Orangenschalen, von Marille und Nüssen, von Trockenfrüchten und Honig in der Nase, mit Frische, Eleganz, Konzentration und Harmonie im Gaumen.

Südtiroler Wagyu vom Oberweidacherhof

ZU BESUCH BEI STEFAN ROTTENSTEINER

Bei original japanischem Wagyu schlägt das Herz von Fleischliebhabern höher. Das teuerste und zarteste Fleisch der Welt zergeht wortwörtlich auf der Zunge. Die hohe und fein verteilte Marmorierung machen dieses Fleisch zarter und geschmacksvoller als jedes andere.
Seit einigen Jahren werden Wagyu-Rinder auch in Südtirol gezüchtet. Auf dem Oberweidacherhof in Klobenstein am Ritten blickt die Rinderzucht als solche auf eine lange Tradition zurück. Und seit 2010 beschäftigt sich Jungbauer Stefan Rottensteiner zudem mit der Zucht von Wagyu-Rindern. Im Februar 2012 kam das erste reinrassige Wagyu-Kalb auf dem Hof zur Welt. Seitdem wächst die Herde stetig. Die Wagyu-Mutterkühe halten sich mit ihren Kälbern das ganze Jahr über im Freien auf: im Sommer auf der Weide, im Winter auf einer Koppel mit überdachter Liegefläche. »So haben wir die Rinder immer im Blick«, erklärt Stefan Rottensteiner.

Die japanische unterscheidet sich von anderen Rinderrassen vor allem dadurch, dass sie in der Lage ist, viel mehr Fett zwischen den Muskelfasern einzulagern. Darauf wurde sie gezüchtet, während bei allen anderen wegen der Nachfrage nach magerem Fleisch der Fettgehalt reduziert wurde. Die feine Marmorierung und das glänzende intramuskuläre Fett, welche das Wagyu-Fleisch auszeichnen, machen es so zart und lassen das Fett schon bei 25 °C im Mund zergehen. Dabei wird der fünfte, vollmundig-würzige Geschmack freigesetzt: Umami.

»Die Wagyu-Population außerhalb Japans stammt von einigen wenigen Tieren ab, die in den 1990er-Jahren zu wissenschaftlichen Zwecken in die USA exportiert wurden«, erzählt Stefan Rottensteiner und freut sich, dass die Tiere auf seinem Oberweidacherhof so wunderbar gedeihen.

Das Marblelution-Zuchtzentrum von Stefan Rottensteiner – mit Außenstellen in Deutschland und im Trentino – hält mittlerweile mehr als 500 Rinder und hat sich zum größten Wagyu-Zuchtbetrieb mit Premiumfleischproduktion in Europa entwickelt.

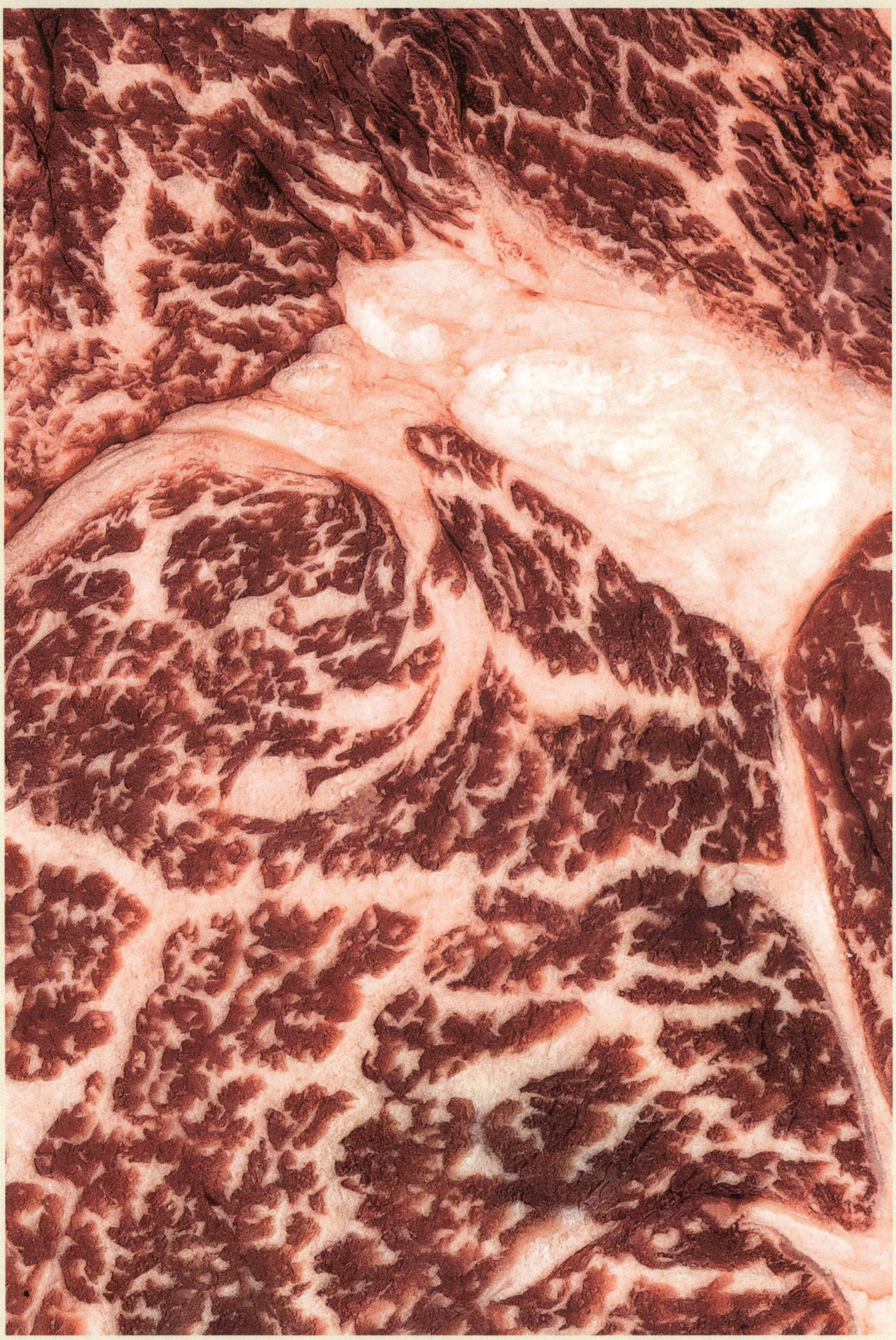

Im Reich der Aromen und Gewürze

BURKHARD BACHER, »KLEINE FLAMME«

Ob italienisch, thailändisch, japanisch oder französisch – Burkhard Bacher ist in vielen Küchen der Welt zu Hause, ohne dabei je die Wurzeln der eigenen Küchentradition zu vergessen. Der Haubenkoch versteht es wie kaum ein anderer, diese Einflüsse zu kulinarischen Gesamtkunstwerken zu vereinen. Er beherrscht das delikate Zusammenspiel zwischen Schärfe und Süße, zwischen sauer und pikant und überrascht mit einer leichten, gesunden Küche mit völlig neuen Geschmackserlebnissen.
Burkhard Bacher ist im Reich der Aromen und Gewürze zu Hause und entführt mit originellen Gerichten ins Reich seiner asiatisch geprägten »Italo-Thai«-Küche. Hier vereinigt er die verschiedenen Einflüsse zu kulinarischen Gesamtkunstwerken. Bereits vor Jahren hat er das Südtiroler Sushi kreiert.

BURKHARD BACHER
Jahrgang 1960, sammelte in französischen Spitzenrestaurants wertvolle Erfahrungen. Die vitale mediterrane Küche verfeinerte er in Sternelokalen wie der Enoteca »Pinchiorri« in Florenz und im »Da Vittorio« in Bergamo. Im Laufe mehrerer Aufenthalte im »Oriental« in Bangkok, einem der besten Hotels der Welt, eignete er sich die Kunst der thailändischen, chinesischen und japanischen Küche an. Mit der Eröffnung der »Kleinen Flamme« in Sterzing im Jahr 1998 hat sich Burkhard Bacher gemeinsam mit seiner Frau Annelies einen Lebenstraum erfüllt.
Lieblingsgericht: Gebratener Reis mit Garnelen

Weiche Kartoffeln & Oktopus – Aubergine – Kokosnusscreme – Kaffeeöl

Kartoffeln kamen einst in vielen Südtiroler Familien mehrmals in der Woche in verschiedensten Zubereitungsarten auf den Tisch: gekocht, geröstet, gebraten, gebacken … Burkhard Bacher vereint sie mit mediterranen und orientalischen Elementen zu neuen Geschmackserlebnissen.

Für 4 Personen ▲ Zubereitung: 60–80 Minuten ▲ Kochzeit: 40–50 Minuten ▲ Ruhezeit: 2 Tage
Schwierigkeitsgrad: mittel

Zutaten

für Gnocchi & Oktopus
600 g mehlige Kartoffeln
3 Eigelb
50 g zerlassene Butter
200 g Mehl
50 g feiner Grieß
Muskatnuss
Salz
280 g Oktopusarme

Für die Aubergine
1 Aubergine
Salz
Olivenöl extra vergine

Für das Kaffeeöl
25 g Arabica-Kaffeebohnen, gemörsert
50 ml Olivenöl extra vergine
50 ml neutrales Pflanzenöl

Für die Kokosnusscreme
0,3 l Kokosnussmilch
8 Blätter von Kaffirlimonen
12 karamellisierte Kirschtomaten
1 TL weißer und schwarzer gerösteter Sesam
Salz
Chili, fein geschnitten

Für die Garnitur
kleine Spinatblätter
Cocktailtomaten

Zubereitung

Gnocchi

Die Kartoffeln schälen und kochen, abseihen und ausdampfen lassen. Durch die Kartoffelpresse drücken, mit dem Eigelb, der zerlassenen Butter, dem Mehl und dem Grieß, etwas geriebener Muskatnuss und Salz vermengen und aus dem Teig Gnocchi formen. Die Gnocchi in kochendem Salzwasser kurz garen (bis sie an die Oberfläche kommen).

Oktopus

Die weich gekochten Oktopusarme in Stücke schneiden und beiseitelegen.

Aubergine

Die Aubergine waschen und schälen, in große Würfel schneiden und einsalzen, nachher leicht auspressen und auf Küchenpapier gut trocknen. Anschließend in Olivenöl braten.

Kaffeeöl

Die gemörserten Kaffeebohnen in einer Pfanne kurz leicht rösten – nicht zu heiß, sonst werden sie bitter. Die beiden Öle leicht erwärmen, die Kaffeebohnen beifügen und salzen. Nachher 2 Tage ziehen lassen, dann das Kaffeeöl durch ein feines Tuch gießen.

Kokosnusscreme

Zur Fertigstellung des Gerichts die Kokosnussmilch und die Kaffirlimonenblätter leicht einkochen, den Oktopus, die Kirschtomaten, die wie beschrieben gegarten Kartoffelgnocchi und den Sesam beifügen, salzen und mit etwas Chili würzen.

Anrichten

Die Auberginenwürfel, die Gnocchi, den Oktopus und die Kokosnusscreme auf einem Teller anrichten, mit dem Kaffeeöl umträufeln, kleine Spinatblätter und einige Cocktailtomaten anlegen.
Birnen danebenlegen.

Weintipp

Eisacktaler Grüner Veltliner, Weingut Thomas Dorfmann, Feldthurns

Sommelière Annelies Bacher empfiehlt zu diesem Gericht einen Grünen Veltliner von Thomas Dorfmann: »Der Wein besticht durch sein dezentes Bukett und durch seine Frische. Mit seinen Aromen von weißem Pfeffer und etwas Tabak, mit leichten Citrus- und Pfirsichnoten ergänzt er hervorragend die anregende Exotik des Gerichts.«

Spring Rolls von Kalb und Thunfisch – gebratener Pak Choi – Mandel-Kurkuma-Milch

Fisch und Fleisch vereint – einst eine undenkbare Verbindung in der klassischen Küche. In der Südtiroler Arme-Leute-Küche kamen weder Fleisch noch Fisch häufig auf den Tisch. Umso spannender präsentieren sich die asiatisch angehauchten Spring Rolls in der »Kleinen Flamme«.

Für 4 Personen ▲ Zubereitung: 30–40 Minuten ▲ Kochzeit: 20–30 Minuten ▲ Schwierigkeitsgrad: mittel

Zutaten

Für die Spring Rolls
350 g frischer Thunfisch, in dicke Stränge geschnitten
0,1 l Sojasauce
1 EL Honig
20 g Basilikum, in Streifen geschnitten
10 g Ingwer, in kleinen Würfeln
2 Stängel Zitronengras, fein geschnitten
Chili
240 g Kalbsfilet
50 g Pesto (Würzpaste aus Basilikum, Pinienkernen, Olivenöl, Knoblauch und Parmesankäse)
Meersalz
Szechuanpfeffer, gemahlen
Frühlingsrollenpapier (Reispapier)

Für den Pak Choi
8 kleine Pak Choi
2 Sardellen in Öl
Sesam
Chili
Sesamöl

Für die Milch
80 g geschälte Mandeln
1 Msp. Vanillemark
1 TL Kurkuma
0,4 l Milch
Salz
neutrales Pflanzenöl zum Frittieren

Zubereitung

Spring Rolls
Die Thunfischstränge mit der Sojasauce, dem Honig, dem Basilikum, dem Ingwer, dem Zitronengras und Chili kurz marinieren, dann gut abtrocknen.
Das Kalbsfilet portionieren, dünn plattieren und mit dem Pesto leicht bestreichen. Den Thunfisch daraufsetzen und einrollen, mit Meersalz und Szechuanpfeffer würzen, auf das Frühlingsrollenpapier geben und zu einer Rolle formen.

Pak Choi
Den Pak Choi waschen und wenn nötig halbieren, mit den Sardellen, Sesam und Chili kurz braten, mit Sesamöl würzen.

Mandel-Kurkuma-Milch
Die Mandelkerne ohne Fett kurz rösten, das Vanillemark und die Kurkuma beifügen und mit der Milch auffüllen, salzen und 15 Minuten langsam kochen lassen, nachher mixen und fein passieren.

Anrichten
Zur Fertigstellung die Rolle in heißem Öl knusprig frittieren, herausnehmen und auf Küchenpapier abtropfen, schräg schneiden.
Die Milch kurz erwärmen und aufschäumen, den Schaum auf einen Teller geben und mit den Spring Rolls und dem Pak Choi anrichten.

Weintipp

Eisacktaler Kerner, Weingut Pacherhof, Andreas Huber, Neustift
Der Kerner vom Weingut Pacherhof passt für Sommelière Annelies Bacher bestens zu diesen Frühlingsrollen. »Der Wein ist angenehm aromatisch und fruchtig mit einem Hauch von weißem Pfirsich und Grapefruit, voll, saftig und frisch am Gaumen.«

Lammkarree »Karawane der Gewürze« – Safran-Joghurt – Schüttelbrot – Spinat – Mandarine

Wenn einst Fleisch auf den Tisch der Südtiroler Bauernfamilien kam, dann war es neben dem Schwein vor allem Lamm. Mit krokantem Schüttelbrot und einer Symphonie von Gewürzen verwandelt Burkard Bacher das Südtiroler Lammkarree in ein Gedicht aus Tausendundeiner Nacht.

Für 4 Personen ▲ Zubereitung: 40–50 Minuten ▲ Kochzeit: 30–40 Minuten ▲ Schwierigkeitsgrad: mittel

Zutaten

Für das Lamm
Gewürze: Zimtstange, Muskatnuss, Macis, Kreuzkümmel, Kardamom, Nelken, Chili, Sternanis, Zitronengras, fein geschnitten, Ingwer, in Scheiben geschnitten, Kurkumawurzel, in Scheiben geschnitten, ¼ ausgekratzte Vanillestange
800 g pariertes Lammkarree
Gewürzsalz
schwarzer Pfeffer, frisch gemahlen
neutrales Pflanzenöl zum Braten
etwas Dijonsenf

Für den Joghurt
6 Safranfäden
100 ml trockener Weißwein (Südtiroler Weißburgunder)
200 ml Joghurt
Meersalz
gemahlener Chili

Für das Brot
70 g Blütenhonig
150 g Schüttelbrot, in kleine Stücke gebrochen

Für den Spinat
Saft von 2 Mandarinen
300 g Blätter junger Spinat
Salz

Für die Garnitur
Filets von 2 Mandarinen

Zubereitung

Lamm
Die Gewürze im Wok oder in einer Pfanne ohne Fett langsam rösten, erkalten lassen und fein mörsern oder in einer Kaffeemühle mahlen, nachher fein sieben.
Das Lamm würzen und in Öl scharf anbraten, das Öl abgießen. Das Lamm mit Senf leicht bestreichen und mit den Wok-Gewürzen bestreuen, anschließend im Ofen langsam rosa braten.

Joghurt
Die Safranfäden in dem Weißwein kurz ziehen lassen, dann mit dem Joghurt, Meersalz und Chili verrühren.

Brot
Den Honig leicht karamellisieren, das Schüttelbrot beifügen und kurz rösten.

Spinat
Den Saft der Mandarinen leicht erwärmen, die Spinatblätter darin schwenken und salzen.

Garnitur
Die Mandarinenfilets im Ofen leicht erwärmen.

Anrichten
Zur Fertigstellung den Safran-Joghurt auf einen Teller geben, die Spinatblätter dazugeben, mit dem Schüttelbrotkrokant bedecken. Das Lamm portionieren, platzieren und mit den Mandarinenfilets garnieren.

Weintipp

Südtiroler Merlot Riserva Freiherr, Kellerei Meran, Marling

Zu diesem würzigen Lammkarree passt für Sommelière Annelies Bacher ein ebenso würziger und kräftiger Wein: »Dieser Merlot hat komplexe, fruchtige Noten von Weichselkirschen und Brombeeren sowie leichte Töne von Lakritze und Schokolade. Im Mund ist der Wein elegant, kräftig, harmonisch und lang anhaltend.«

Kalterersee und Lagrein, Weißburgunder und Gewürztraminer

ZU BESUCH BEI JAKOB NICOLUSSI-LECK

Kaum eine andere Region Europas ist von so attraktiven Kontrasten geprägt. Zwei Drittel der Landesfläche liegen über 1500 Metern Meereshöhe, rund 40 Prozent sind mit Wald bedeckt. Nur knappe neun Prozent befinden sich unter 800 Metern Meereshöhe – und genau dort wachsen auf rund 5.300 Hektar Südtirols Reben.

Mit 760 Hektar Weinbaufläche ist Kaltern die zweitgrößte Weinbaugemeinde Südtirols. Gleich über dem Kalterer See, am Fuße der Ruine Leuchtenburg liegt auf 350 Metern Meereshöhe das Weingut Kreithof aus dem 13. Jahrhundert. Seit über einem Jahrhundert ist das historische Anwesen im Besitz der ursprünglich aus Lusérn im Trentino stammenden Familie Nicolussi-Leck. Auf warmen, lehmigen Sandböden und Porphyrgestein gedeihen auf steilen Hängen die für Südtirol typischen Rebsorten: Vernatsch für den Kalterersee; Lagrein, Cabernet und Merlot als rote Klassiker; Weißburgunder, Gewürztraminer, Sauvignon und Chardonnay als edle Weiße.

Jakob Nicolussi-Leck und seine Familie bewirtschaften heute fünf Hektar Weinberge. Der junge Weinbauer hat sich vor einigen Jahren für einen Neustart entschieden: Die Trauben sollen nicht mehr an die örtliche Kellereigenossenschaft geliefert, sondern selber verarbeitet und vermarktet werden. Der Jahrgang 2017 ist der erste, der auf dem Kreithof eingekellert wird. Die einzelnen Weine werden nach den Namen und Geburtsjahren der Familienmitglieder getauft: 2017 Alexander, der Sohn steht für den Kalterersee; 1912 Sepp, der Opa für den Lagrein; 1917 Karolina, die Oma für den Sauvignon oder 1957 Verena, die Mutter für den Weißburgunder ...

Ein moderner, in den Hang gebauter Weinkeller bietet alle Voraussetzungen für den Ausbau von charaktervollen und spannenden Rebsäften. Gelagert werden diese dann im historischen Keller des Kreithofs. Tradition und Moderne: Im Weingut Nicolussi-Leck gelingt die Symbiose aus Altem und Neuem. »Wein bedeutet für mich Geschichte, Tradition und Emotion – das möchte ich auch ins Glas bringen«, sagt Jakob Nicolussi-Leck. »Mein Wein soll meine Handschrift tragen, unverwechselbar und etwas Besonderes sein und dabei unsere Lagen und unsere Kultur widerspiegeln.«

HL 40

Gasthof
Jäger
Restaurant
Gasthof
Jäger
Restaurant

Alpin-kreativ und alpin-traditionell

GUNTMAR ÖTTL, RESTAURANT »JÄGER«

»Saisonal – kreativ – authentisch«, so definiert Küchenchef Guntmar Öttl seine regionale Südtiroler Küche. »Unser Bestreben ist es, so viel wie möglich selber zu machen. Angefangen von den Teigtaschen über die Tiroler Knödel bis hin zur typisch italienischen Focaccia.« Die Zutaten hierfür finden er und sein junges Team je nach Saison in Omas Garten. Oder beim Bauern ihres Vertrauens. Mit Leidenschaft arbeitet Guntmar Öttl an seinen Gerichten und immer wieder an neuen Kreationen. Das Ergebnis sind regionale Köstlichkeiten mit Charakter – vielfältig, frisch und saisonal. Südtiroler Brettljause, Speck mit Trüffel oder Saiblingsfilet im Artischockensud – im »Jäger« bekommt jeder das Gericht, auf das er gerade Lust hat.
Guntmar Öttl erklärt: »Wir kochen eine schmackhafte, ehrliche Küche – mit Bezug auf die Region und das Land. Trotzdem finden auch weltläufige Lebensmittel den Weg auf unsere Teller. Es gibt bei uns alpin-kreativ, wo wir uns etwas ausleben können, und alpin-traditionell, wo wir unsere Tradition bewahren möchten. Am wichtigsten ist es für uns jedoch, dass es uns schmeckt, denn nur dann schmeckt es auch unseren Gästen.«

GUNTMAR ÖTTL

Jahrgang 1987, absolvierte seine Kochausbildung in Brixen und sammelte seine Berufserfahrungen in verschiedenen Südtiroler Restaurants, darunter bei Sternekoch Karl Baumgartner im Schöneck. Es folgten Arbeitsaufenthalte in Singapur, in der Schweiz und im Gourmetrestaurant Lehrbach in Bergisch Gladbach. 2011 kehrte Guntmar Öttl zurück in den elterlichen Betrieb mit Gasthof und Restaurant »Jäger«.
Lieblingsgericht: Pizza Margherita mit frischem Basilikum und guter Mozzarella

Alpensaibling geflämmt – Buttermilchmarinade – drei Beten

Ein Süßwasserfisch, der in der Küche gerne verarbeitet wird, ist der Saibling. Die edle Gattung kommt vor allem in Form von Filets – roh, mariniert oder kurz angebraten – auf den Tisch. Küchenchef Guntmar Öttl kombiniert seinen Alpensaibling spannend mit verschiedenen Beten und Buttermilch.

Für 4 Personen ▲ Zubereitung: 60–80 Minuten ▲ Kochzeit: 30–40 Minuten ▲ Ruhezeit: 1–2 Stunden
Schwierigkeitsgrad: mittel

Zutaten

Für den Saibling
2 Saiblingfilets zu je 200 g
100 g feines Salz

Für die Beten
100 g Chioggia Bete
200 g Apfelessig
200 g Zucker
5 Pfefferkörner
1 Lorbeerblatt
1 TL Senfkörner
1 TL Korianderkörner
500 g Rote Bete
500 g Sellerieknolle
300 g Butter
Salz
500 g Gelbe Bete
50 ml Haselnussöl

Für die Buttermilchmarinade
500 ml Buttermilch
1 Limette
Salz
Zucker
½ Bund Schnittlauch
500 ml Rapsöl

Für die Schwarzbrotchips
200 g Schwarzbrot (Kastenbrot oder Laib)
Olivenöl extra vergine

Für die Garnitur
Blüten und Kräuter zum Dekorieren
1 Limette

Zubereitung

Saibling

Von den beiden Saiblingsfilets die Haut abziehen und die Gräten sauberzupfen. 1 l Wasser mit dem Salz vermischen, bis es aufgelöst ist. In der Salzlake die Saiblingsfilets für 30 Minuten einlegen, danach herausnehmen und mit Küchenpapier trockentupfen. Anschließend die Filets auf der Hautseite mit einem Bunsenbrenner abflämmen, bis sie schöne dunkle Röstaromen bekommen. Die Saiblingsfilets in 2 cm dicke Stücke portionieren und auf einem Teller abgedeckt im Kühlschrank lagern.

Beten

Die Chioggia Bete mit der Aufschnittmaschine oder einem Gemüsehobel in feine Scheiben schneiden und runde Kreise ausstechen. Die Scheiben in ein Einweckglas geben. Den Apfelessig, den Zucker und 200 ml Wasser mit den Gewürzen aufkochen und 10 Minuten ziehen lassen. Danach den Sud abseihen und ein weiteres Mal aufkochen. Diesen Sud dann sofort über die Chioggia Bete im Einweckglas gießen und dieses verschließen. Mindestens eine Stunde ruhen lassen.
Die Rote Bete mit der Schale weich kochen, die Sellerieknolle schälen und ebenfalls kochen, bis sie weich ist. Noch im warmen Zustand beide Gemüse mit der Butter zu einem feinen, sämigen Püree mixen, mit Salz abschmecken, abkühlen lassen und in einen Spritzbeutel füllen.
Die Gelbe Bete mit Schale weich kochen und im noch warmen Zustand schälen, abkühlen lassen, in Stücke portionieren und mit dem Haselnussöl und Salz marinieren.

Buttermilchmarinade

Die Buttermilch mit dem Abrieb von einer Limette und deren Saft verrühren und mit Salz und etwas Zucker abschmecken. Den Schnittlauch mit dem Rapsöl mixen und durch ein feines Sieb streichen. Beides getrennt voneinander aufbewahren.

Sonstiges
Bunsenbrenner zum Flämmen
Einweckglas
Spritzbeutel

Brotchips
Das Schwarzbrot in feine Scheiben schneiden und auf ein Backblech legen. Mit Olivenöl beträufeln und schön braun backen (etwa 15 Minuten bei ungefähr 170 °C).

Weintipp

Südtiroler Weißburgunder Sirmian, Kellerei Nals Margreid
»Der Weißburgunder Sirmian besticht mit einer breiten Geruchspalette von Apfel- und Birnen- über Zitrusaromen bis hin zum Duft von reifer Ananas«, freut sich Kellermeister Harald Schraffl. »Am Gaumen überzeugt der Wein mit eleganten Fruchtnoten und zartem Schmelz, rassiger Säure und lebhaftem Abgang.«

Anrichten
Jeweils zwei Stück Saiblingsfilets auf einen Teller geben. Mit dem Rote-Bete-Püree Punkte daneben spritzen. Die marinierten Gelbe-Bete-Stücke dazwischenplatzieren und die eingelegten Chioggia Beten an die Stücke legen. Die Brotchips mit zum Arrangement geben und mit Blüten dekorieren. Das Schnittlauchöl in die Buttermilch geben und jeweils 2 EL dieser Marinade auf jeden Teller geben. Zum Schluss noch etwas Limettenabrieb über das Gericht streuen.

Schüttelbrot-Tortelli – Almkäsefonduta – Spinatcreme

Tortelli sind meist eine ring- oder halbkreisförmige Pastaspezialität aus dem norditalienischen Raum, die – ähnlich wie Ravioli – gefüllt sind: traditionell mit einer Mischung aus Schweinefleisch, Parmaschinken, Mortadella, Parmesankäse, Eiern und Muskatnuss. Guntmar Öttl gibt seinen Tortelli einen besonderen alpinen Anstrich: mit Schüttelbrot, Almkäsefüllung und cremigem Spinat.

Für 4 Personen ▲ Zubereitung: 30–40 Minuten ▲ Kochzeit: 30 Minuten ▲ Schwierigkeitsgrad: leicht

Zutaten

300 g Schüttelbrot

Für den Teig
70 g feiner Grieß
100 g feines Weizenmehl
30 g Schüttelbrot, fein gemixt
100 g Eigelb
1 Ei
1 EL Olivenöl extra vergine

Für die Füllung
60 g Butter
60 g Mehl
200 ml Sahne
250 ml Milch
2 Eigelb
200 g weicher Almkäse
50 g Parmesankäse
Salz
Pfeffer

Für die Spinatcreme
1 Zwiebel
1 Zehe Knoblauch
50 g Butter
300 g gefrorene Spinatblätter
100 ml Sahne
1 Prise Muskatnuss

Für die Garnitur
geriebener Parmesankäse
Butter zum Schmelzen
frisch geschnittener Schnittlauch
grob geriebenes Schüttelbrot

Zubereitung

Das Schüttelbrot mixen und sieben. Das Grobe für später aufbewahren.

Teig

Alle Zutaten mischen und zu einem glatten Teig verarbeiten. Diesen kurz kalt stellen.

Füllung

Die Butter schmelzen, das Mehl dazugeben und mit der Sahne und der Milch zu einer Bechamelsauce abkochen. Das Eigelb dazugeben, mit Almkäse und Parmesankäse mischen, mit Salz und Pfeffer abschmecken. Die Füllung kalt stellen.

Spinatcreme

Die Zwiebel und den Knoblauch abziehen, fein schneiden und in Butter anschwitzen. Den Spinat dazugeben, kurz mit anschwitzen, mit Sahne aufgießen, mixen und abschmecken.
Den Nudelteig dünn ausrollen, mit der Almkäsefonduta füllen und in die gewünschte Ravioliform bringen. Die Ravioli in leicht gesalzenem Wasser 4 Minuten kochen.

Anrichten

Auf der Spinatcreme die Ravioli anrichten. Geriebenen Parmesankäse und Schüttelbrot darübergeben, mit dem geschnittenen Schnittlauch garnieren und mit brauner Butter abschmelzen.

Weintipp

Südtirol Terlaner Cuvée, Kellerei Terlan

»Unsere historische Cuvée präsentiert sich durch die Komposition aus den drei traditionellen Terlaner Weißweinsorten als sehr vielschichtiger Wein«, so Terlans Kellermeister Rudi Kofler. »Der Weißburgunder, der den Hauptanteil bildet, sorgt für Frische und ein gutes Säuregerüst, der Chardonnay schmeichelt mit Weichheit und Wärme, während der Sauvignon die Cuvée durch seine feine Aromatik ergänzt.«

Pochiertes Bauern-Ei – Steinpilz-Sellerie-Creme – Schwarzer Trüffel – Kartoffelschaum – Lardo-Crostini

Ein paar Hennen gackerten einst auf jedem Bauernhof und dementsprechend gab es jeden Tag frische Eier, die vorwiegend in den Knödel- oder Omeletteteig kamen oder als Spiegeleier mit Speck aufgetischt wurden. Guntmar Öttl veredelt das Bauern-Ei mit Steinpilzen und Trüffel zu einem raffinierten Gericht.

Für 4 Personen ▲ Zubereitung: 30–40 Minuten ▲ Kochzeit: 20–30 Minuten ▲ Schwierigkeitsgrad: mittel

Zutaten

Für die Steinpilz-Sellerie-Creme
1 Knolle Sellerie (500 g)
1 Zwiebel
2 Zehen Knoblauch
Samenöl
300 g Steinpilze
Salz
100 g Butter
200 ml Sahne

Für den Kartoffelschaum
500 g mehlige Kartoffeln
100 g Butter
100 ml Sahne
200 ml Milch
Salz
Muskatnuss zum Reiben

Für die Crostini
1 Ciabatta-Brot
Olivenöl extra vergine
200 g Lardo (oder Bauchspeck)

Für das Ei
6 Bauern- oder Bio-Eier

Für die Garnitur
1 Knolle Herbsttrüffel
½ Bund Schnittlauch, fein geschnitten

Sonstiges
1 iSi-Flasche (Siphonflasche für Lebensmittel)
Kapseln zum Laden von N2O)
Trüffelhobel oder -reibe

Zubereitung

Steinpilz-Sellerie-Creme

Die Sellerieknolle schälen, in gröbere Würfel schneiden und in Salzwasser weichkochen. Die Zwiebel und die Knoblauchzehen abziehen, fein schneiden und in etwas Samenöl andünsten. Die gewürfelten Steinpilze dazugeben und kräftig mitbraten, sodass sie eine schöne Farbe bekommen, dann mit Salz würzen. Die Hälfte der gebratenen Steinpilze beiseitestellen, den Rest mit den weich gekochten Selleriestücken, der Butter und der Sahne zu einem feinen Püree mixen und abschmecken.

Kartoffelschaum

Die mehligen Kartoffeln schälen und in Salzwasser weich kochen. Alle Zutaten mit den Kartoffeln mixen und mit Salz und Muskatnuss herzhaft abschmecken. Die dickflüssige Kartoffelmasse in eine iSi-Flasche füllen und mit zwei Kapseln laden. Die iSi-Flasche in Wasser bei etwa 80 °C warm halten.

Crostini

Das Ciabatta-Brot der Länge nach mit der Aufschnittmaschine in 5 mm dicke Scheiben schneiden und auf ein Backblech legen. Mit Olivenöl beträufeln und 10 Minuten bei 170 °C im Ofen braun backen. Wenn die Ciabatta-Crostini ausgekühlt sind, diese mit feinen Lardo-Scheiben belegen.

Eier

Wasser in einem mittelgroßen Topf auf konstante 70 °C erwärmen. Die Eier in einer Tasse aufschlagen und darauf achten, dass das Eigelb dabei nicht zerläuft. Daraufhin das Ei behutsam ins Kochwasser gleiten lassen und 15–18 Minuten (je nach dem, wie groß die Eier sind) darin pochieren.

Weintipp

Südtiroler Chardonnay Lafóa, Kellerei Schreckbichl

Der Chardonnay Lafóa stellt für Kellermeister Martin Lemayr »einen gelungenen Seiltanz aus Kraft und Eleganz« dar. »Nussaromen sowie Fruchtnoten von Mango und Honigmelone, umspielt von feinen Holztönen, umschmeicheln die Nase. Am Gaumen besticht die Balance aus Struktur und Finesse, aus Kraft und Eleganz.«

Anrichten

In einen tiefen Teller die warme Steinpilz-Sellerie-Creme hineingeben. Darauf jeweils 2 EL von den heißen, gebratenen Steinpilzwürfeln verteilen. Die pochierten Eier mit einem Löffel auf die Steinpilzwürfel setzen. Den warmen Kartoffelschaum halb über die Eier sprühen und den schwarzen Trüffel darüberhobeln. Mit Schnittlauch dekorieren und die Crostini anlegen.

Ehrlich und echt, einfach und gut

ANDREAS HEINISCH, »1477 REICHHALTER«

Seit über einem halben Jahrtausend, seit 1477, atmet das Haus »Reichhalter« im Zentrum von Lana Geschichte – beständig und zeitlos. In all dieser Zeit war es schon vieles: Metzgerei, Mühle, Bäckerei, Säge, Stadel, Stallung, Schänke und Kaffeehaus. Seit dem Sommer 2018 lädt es als Wirtshaus zur Einkehr: zu Speis und Trank, akkurat gewählt und aufmerksam zubereitet und in guter Gesellschaft. Martina und Andreas Heinisch überlassen nichts dem Zufall. »Echt, einfach und voller Emotionen« soll es sein. Die beiden engagierten Gastwirte leben die Leidenschaft, mit der sie das Restaurant gemeinsam und mit ihren Mitarbeiterinnen und Mitarbeitern führen.
Andreas Heinisch wartet mit einem sehr eigenständigen Küchenkonzept auf. Er kocht nach dem Motto »ehrlich, einfach, gut«. Verständlich sollen seine Gerichte sein, wie damals in der Metzgerei, in der Mühle, in der Bäckerei. Frische Produkte dominieren. Mittags steht »Hauseigenes und Saisoniges« auf einer kleinen, feinen Karte. Abends darf es dann auch einmal etwas Unübliches und Besonderes sein, »Kompositionen mit Temperament und Passion«.

ANDREAS HEINISCH

Jahrgang 1982, begeistert nach vielfältigen Erfahrungen in verschiedenen Häusern gemeinsam mit Frau Martina und Team seit Herbst 2018 im »1477 Reichhalter« die Gäste mit seiner außergewöhnlich ehrlichen Küche, die auf geradlinige, aufmerksam zubereitete Gerichte aus lokalen Produkten setzt.
Lieblingsgericht: Saure Suppe (Kuttelsuppe)

GASTHAUS REICHHALTER

Tintenfisch-Mönchsbart-Carbonara

Mönchsbart oder Barba di Frate wächst auf meernahen, salzigen Wiesen und ist aufgrund seiner mineralischen Eigenschaften und seines intensiven krautig-erdigen und leicht salzigen Geschmacks in der mediterranen Küche sehr beliebt. Küchenchef Andreas Heinisch zaubert daraus mit frischen Tintenfischen eine Carbonara der etwas anderen Art.

Für 4 Personen ▲ Zubereitung: 20–30 Minuten ▲ Kochzeit: 20 Minuten ▲ Schwierigkeitsgrad: leicht

Zutaten

500 g Tintenfische bester Qualität
300 g Mönchsbart (Barba di Frate)
Olivenöl extra vergine
Salz
Pfeffer
1 Eigelb vom Bio-Ei
1 EL Parmesankäse, gerieben
1 EL Sauerrahm

Zubereitung

Die Tintenfische sauber putzen, enthäuten und in sehr feine, etwa 3 mm dicke Streifen schneiden.
Den Mönchsbart von den Wurzeln befreien, gründlich waschen und gut abtrocknen. Dann in Olivenöl ganz kurz scharf anbraten. Er muss knackig sein und seine schöne Farbe behalten. Den Mönchsbart in eine Schüssel geben.
Die Tintenfische kurz anrösten und mit Salz und Pfeffer gut würzen. Den angebratenen Mönchsbart dazugeben. Das Eigelb, den Parmesan und den Sauerrahm miteinander cremig verrühren und unterheben. Bei Bedarf nochmals abschmecken und mit etwas Olivenöl beträufeln. Lauwarm servieren.

Weintipp

Südtiroler Weißburgunder In der Lamm, Weingut Abraham, Eppan

Von 60 Jahre alten Rebstöcke keltern Marlies und Martin Abraham diesen besonderen Chardonnay. In der Nase von Sommelière Martina Heinisch besticht der Wein mit »Noten von Apfel, hellen Ringlotten und einem Hauch Haselnuss, am Gaumen mit elegant-cremiger Textur, würzigen Noten und feiner Säure sowie salzigem, anhaltend fruchtigem Abgang«.

Sauerkraut-Blutwurst-Kartoffelteigtaschen mit Roten Garnelen

Sauerkraut und Blutwurst kamen im Winter nach dem Schlachten in jedem Bauernhof als rustikal-nahrhaftes Gericht auf den Tisch. Das Ganze in Kartoffelteigtaschen verpackt und dazu noch mit Roten Garnelen garniert – Küchenchef Andreas Heinisch interpretiert den Klassiker neu und anregend innovativ.

Für 4 Personen ▲ Zubereitung: 30–40 Minuten ▲ Kochzeit: 5–10 Minuten ▲ Schwierigkeitsgrad: leicht

Zutaten

200 g mehlige Kartoffeln, gekocht und passiert
80 g Mehl
1 Bio-Ei
40 g Weizenstärke
200 g Sauerkraut, gekocht
100 g Blutwurst, gekocht
2 EL Parmesankäse, gerieben
2 EL Butter
etwas Schnittlauch
8 Rote Garnelen, geputzt ohne Schale und Darm

Zubereitung

Die Kartoffeln, das Mehl, das Ei und die Weizenstärke zu einem glatten Teig kneten, etwa 5 mm dick ausrollen und mit einem Ring von 10 cm Durchmesser ausstechen. Das Sauerkraut gut ausdrücken, mit der Blutwurst vermischen und mit etwas Parmesan binden. Diese Füllung in die Mitte der Kreise setzen, diese zu einem Halbmond zusammenkleben und gut andrücken.
Die Teigtaschen im Salzwasser 2–3 Minuten garen, dann abgießen und gut abtropfen lassen. Anschließend in etwas brauner Butter und Parmesan abschmelzen.

Anrichten

Auf einem warmen Teller anrichten, mit fein gehacktem Schnittlauch garnieren und die sehr kurz gebratenen und gewürzten Garnelen darauf anrichten.

Weintipp

Südtiroler Chardonnay Riserva, Weingut Schloss Englar, Eppan

Fürstlich elegant, wie es sich für einen Wein direkt vom Schloss gehört, präsentiert Johannes Graf Khuen-Belasi seinen Chardonnay Riserva: mit exotischen Früchten und feinen Röstaromen in der Nase, knackiger Säure, fruchtiger Frische und raffinierten Vanillearomen am Gaumen.

Ragout vom einheimischen Hirsch, pochiertes Bio-Ei, Grünkohl, Buchenpilze

Hirschfleisch, Buchenpilz – auch wenn einige Zutaten für dieses Gericht nicht überall gleich vor der Haustür zu finden waren, mit etwas Geschick konnte sie auch in der Vergangenheit jede Köchin auftreiben und als schmackhaftes Gericht auf den Tisch zaubern – so wie es Andreas Heinisch heute im Gasthaus »1477 Reichhalter« in Lana tut.

Für 4 Personen ▲ Zubereitung: 50–60 Minuten ▲ Kochzeit: 2 Stunden ▲ Schwierigkeitsgrad: mittel

Zutaten

300 g Hirschfleisch (Schulter), in kleine Würfel geschnitten
1 Karotte
1 Stange Sellerie
1 Zwiebel
1 EL Tomatenmark
1 TL Mehl
200 ml trockener Rotwein (Südtiroler Blauburgunder)
Wacholder, Koriander und Pfeffer, gemörsert
Salz
½ l Geflügelfond
200 g Buchenpilze
etwas Butter
2 Schalotten
1 Schuss Madeira
etwas Sahne
4 Bio-Eier
1 Handvoll gezupfter Grünkohl

Zubereitung

Das gewürfelte Hirschfleisch scharf anbraten. Das geputzte und in Würfel geschnittene Wurzelgemüse (Karotte/Sellerie/Zwiebel) beigeben und mitrösten. Alles tomatisieren und mit dem Mehl stäuben. Mit dem Rotwein ablöschen und diesen verkochen lassen. Die Gewürze nach Belieben beigeben, salzen und mit der Hälfte des Geflügelfonds aufgießen. Das Ganze etwa 1½ Stunden leicht köcheln lassen, bis die Flüssigkeit reduziert und das Fleisch weich gegart ist.

Die Buchenpilze knapp unter dem Kopf abschneiden, ganz kurz in Butter glasig sautieren und auf die Seite stellen.

Die Stämme der Buchenpilze ebenfalls mit Butter und den klein gehackten Schalotten leicht farbig rösten, mit dem Madeira löschen und einreduzieren lassen. Dann mit dem restlichen Geflügelfond aufgießen und diesen fast zur Gänze verkochen lassen. Etwas Sahne dazugeben, abschmecken und alles sehr fein mixen. In eine Siphonflasche geben und eine Sahnekapsel einschießen.

Die Eier im Ganzen bei 70 °C Wassertemperatur 16 Minuten pochieren.

Anrichten

In einem tiefen Teller das heiße Hirschragout anrichten. Das pochierte Ei darauf aufschlagen, salzen und mit der Pilz-Espuma überziehen. Dann die sautierten Pilzköpfe darauf anrichten. Den Grünkohl kurz in flüssiger Butter knackig anschwenken und auf dem Teller platzieren. Heiß servieren.

Weintipp

Südtiroler Blauburgunder Gonter, Weingut Schloss Plars, Algund

Der Blauburgunder Gonter vom Algunder Weingut Schloss Plars präsentiert sich als frischer, saftiger und harmonischer Wein mit einer rubinroten Farbe. Sommelière Martina: »Der Wein duftet nach Veilchen, Kirschen, Himbeeren und feinen Röstaromen. Im Gaumen dominieren elegante Struktur und samtiger Geschmack.«

Bauern-Sauerkraut und Südtiroler Kimchi

ZU BESUCH BEI HERBERT LECHNER

»Es gibt viele Kräuter, aber es gibt nur ein Kraut und das ist das Sauerkraut«, weiß ein bäuerliches Sprichwort. Sauerkraut ist eine kalorienarme, probiotische Vitaminbombe, die entschlackt und das Immunsystem, Herz und Nerven stärkt. Die durch den Gärungsprozess entstehenden Milchsäurebakterien halten das größte Immunsystem unseres Körpers, den Darm, gesund und wirken desinfizierend und immun-stimulierend.

Früher hatte nahezu jeder Bauer sein selbst eingeschnittenes Kraut in einem Fass im Keller stehen. Sauerkraut kam in den harten Wintermonaten oft als einziges Gemüse auf den Tisch.

Der landwirtschaftliche Familienbetrieb Lechner in Laas ist der einzige größere Sauerkraut-Hersteller in Südtirol. Das »Lechner Kraut« wird von der Familie bereits in dritter Generation angebaut und produziert. »Wir legen großen Wert auf die Natürlichkeit unserer Produkte und verarbeiten nur regionales Gemüse bester Qualität«, sagt Herbert Lechner. Bei der Weiterverarbeitung der Kobisköpfe wird ein traditionelles und schonendes Verfahren angewandt, wodurch sich später der besondere mild-würzige Geschmack des Sauerkrauts ergibt – ein Produkt, frei von Zusatz- und Konservierungsstoffen. Der gesamte Milchsäure-Gärungsprozess geschieht auf natürliche Art und Weise.

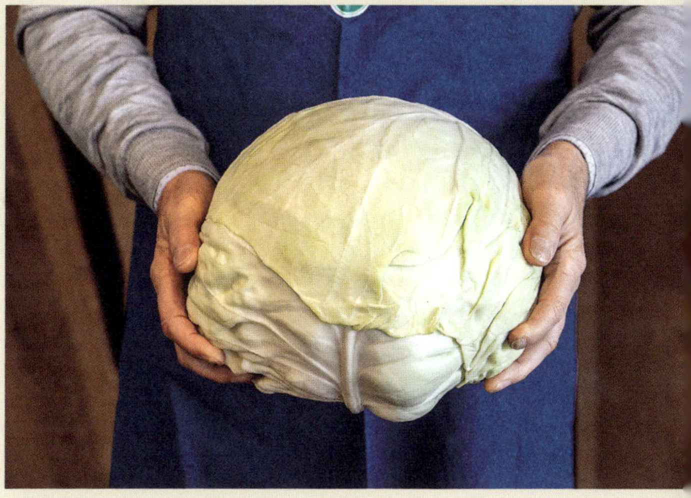

Ob im Kübel »frisch vom Fass« oder ganz nach Großmutters Art in Gläsern eingeweckt, ob naturbelassen oder bereits gekocht und gewürzt, wahlweise auch mit Speck – Sauerkraut ist in jeder Hinsicht gesund und natürlich gut. In ihrem Hofladen bieten die Lechners neben den klassischen Krautprodukten auch eine große Auswahl an hausgemachten Erzeugnissen wie Essiggurken, milchsauer vergorenes Gemüse, Südtiroler Kimchi, Marmeladen und Säfte an. Evelyn Lechner empfiehlt:

» Kraut kann in der Küche sehr vielseitig verwendet werden: als Saft, Salat oder Suppe, roh oder gekocht, als Beilage zu Fleisch und Fisch, zu Nocken, Spätzlen oder Knödeln. Mit Kümmel kommt der Kohlgeschmack noch besser zur Geltung und das Kraut wird leichter verdaulich. Mit Wacholderbeeren und etwas gerösteten Zwiebeln wird es noch schmackhafter.«

Jung und wild, traditionell und weltoffen

EVELIN FRANK, »VINUM«-HOTEL »MUCHELE«

Wein und Genuss sind untrennbar miteinander verbunden. In den familiengeführten Südtiroler »Vinum«-Hotels öffnen sich kulinarische Genusswelten: Hochwertige Gourmetküche und die passende Weinbegleitung in Verbindung mit gelebter Weinkultur vereinen sich zu einem ganzheitlichen Genusspaket für alle Sinne.
Im »Muchele« in Burgstall sind auch die Gastgeber wahre Genießer. Ihr Küchenteam um Chefköchin Evelin Frank bezeichnen sie liebevoll als »Küchenrocker«. »Unsere Küche ist ehrlich, bunt und bodenständig«, so Chefköchin Evelin Frank. »Lieber weniger schi schi scha scha und dafür die beste Qualität und am liebsten alles aus Südtirol.« Alte Rezepte mit dem Gedanken der Nachhaltigkeit neu zu interpretieren, ist eines der Ziele in der »Muchele«-Küche. Ihre Gerichte beschreibt Evelin Frank als »jung und wild, traditionell und weltoffen«, genauso wie ihr Küchenteam.

EVELIN FRANK

1977 geboren und in Eyrs im Vinschgau auf einem Bauernhof aufgewachsen, verbrachte mehrere Sommer auf einer Alm in der Schweiz, arbeitete nach ihrer Lehre im Sternerestaurant »Kuppelrain« in Kastelbell und anschließend über ein Jahrzehnt im Hotel »Oberwirt« in Marling. In verschiedenen Wintersaisonen sammelte sie Erfahrungen in Restaurants im In- und Ausland wie in St. Moritz, Ischgl, Lech am Arlberg, Serfaus, Obereggen, Corvara ... Seit 2016 leitet sie die Küche im »Vinum«-Hotel »Muchele« in Burgstall.
Lieblingsgericht: Parmigiana di melanzane

Schwarzbrotsuppe, Garnelentatar

Brotsuppe stand einst in vielen Familien häufig auf dem Speiseplan, um Brotreste aufzubrauchen und den Hunger zu stillen – mit wenigen Zutaten und schnell zubereitet. »Muchele«-Küchenchefin Evelin Frank belebt diese vielerorts in Vergessenheit geratene Tradition neu – mit einer exklusiven Zugabe: frischen Roten Garnelen.

Für 4 Personen ▲ Zubereitung: 20 Minuten ▲ Kochzeit: 30 Minuten ▲ Schwierigkeitsgrad: leicht

Zutaten

150 g Schwarzbrot
1 mittlere Zwiebel
10 g süßes Paprikapulver
50 ml trockener Weißwein (Südtiroler Weißburgunder)
1 l Gemüsebrühe
4 Rote Garnelen (Sizilien)
etwas Salz und Pfeffer
Olivenöl extra vergine
1 kleines Vinschgerle (Roggenbrot)
etwas Butter

Zubereitung

Das Schwarzbrot und die abgezogene Zwiebel grob schneiden und in einem Topf anrösten. Mit dem Paprika bestäuben und mit dem Weißwein ablöschen. Die Gemüsebrühe dazugeben und etwa ½ Stunde kochen.
In der Zwischenzeit die Garnelen enthäuten, den schwarzen Darm entfernen, klein schneiden, ein wenig würzen und etwas Olivenöl dazugeben.
Vom Vinschgerle vier dünne Scheiben schneiden und diese in etwas Butter in einer Pfanne kross braten. Aus der Pfanne auf ein Tuch geben.

Anrichten

Mit einem kleinen Löffel eine Nocke aus dem Garnelentatar formen und auf die Brotscheiben geben. Die Suppe mixen, mit Salz und Pfeffer abschmecken und dazu servieren.

Weintipp

Südtiroler Müller Thurgau Feldmarschall von Fenner, Weingut Tiefenbrunner, Entiklar/Kurtatsch

Dieser mineralisch-würzige Müller-Thurgau aus 1.000 Metern Meereshöhe überzeugt Sommelier und Seniorchef Hansjörg Ganthaler mit »seinem intensiven Duft nach weißen Blüten und gelben Früchten, nach Pfirsich und Aprikose sowie mineralischen Aromakomponenten nach einigen Jahren der Reife. Ein feingliedriger Körper umschmeichelt den Gaumen mit eleganter Ausgeglichenheit, Saftigkeit und einem frischen Säurespiel.«

Speckknödel 2.0

Speckknödel zählen zu den Klassikern der Südtiroler Küche schlechthin und bildeten über Generationen hinweg einen fixen Bestandteil des wöchentlichen bäuerlichen Speiseplans. Ob in der Suppe, mit Salat oder zu besonderen Anlässen mit Gulasch – Knödel sind nach wie vor ein beliebtes Gericht. Evelin Frank präsentiert eine innovative und einladende Neuinterpretation des Knödelklassikers.

Für 4 Personen ▲ Zubereitung: 30 Minuten ▲ Kochzeit: 25–30 Minuten ▲ Trockenzeit: 24 Stunden
Schwierigkeitsgrad: mittel

Zutaten

Für die Milchhaut
500 ml Milch

Für die Petersiliencreme
100 g gezupfte Petersilie
1 Kartoffel, verkocht
50 ml Frischsahne
Salz und Pfeffer
Muskatnuss

Für die Knödel
2 mittelgroße rote Zwiebeln
etwas Butter
80 g Weißbrot entrindet
80 g geräucherter Bauchspeck
100 ml Weißweinessig
grobes Salz
4 Wachteleier
etwas Schnittlauch

Zubereitung

Milchhaut

Die Milch am Vortag in einen Topf geben und leicht erwärmen. Die sich dabei bildende Haut mithilfe einer Schaumkelle vorsichtig auf ein Backpapier legen und bei 60 °C im Ofen etwa 24 Stunden trocknen lassen.

Petersiliencreme

Die gezupfte Petersilie mit 500 ml eiskaltem Wasser mixen. Alles zusammen in einen Topf geben und auf 80 °C erwärmen. Das dabei entstandene Chlorophyll oder Blattgrün durch ein feines Tuch abseihen. Mit der verkochten Kartoffel und der Sahne fein mixen und abschmecken.

Knödel

Die Zwiebel bis zur zweiten Haut abziehen, halbieren und im Salzwasser etwa 5 Minuten kochen.
In der Zwischenzeit die Butter in einer Pfanne zergehen lassen. Das Weißbrot in kleine Würfel schneiden, zur Butter dazugeben und mitrösten, bis die Brotwürfel schön goldgelb und knusprig sind. Den Bauchspeck ebenso in kleine Würfel schneiden und zur Weißbrotmasse dazugeben.
In einem Topf etwa 300 ml Wasser mit 100 ml Weißweinessig und etwas grobem Salz aufkochen. Den Topf vom Herd ziehen, mit dem Schneebesen einen Strudel erzeugen und die aufgeschlagenen Wachteleier unter dem Siedepunkt 15–20 Sekunden ziehen lassen. Mit der Schaumkelle herausnehmen und auf ein trockenes Tuch legen.

Anrichten

Die gekochte Zwiebel ausbrechen. Die zweite und dritte Hautschicht mit dem pochierten Wachtelei und der Brot-Speck-Masse füllen, den frischen geschnittenen Schnittlauch dazugeben, alles auf die Petersiliencreme setzen und die getrocknete Milchhaut darüberbrechen.

Weintipp

Eisacktaler Silvaner Alte Reben, Weingut Pacherhof, Andreas Huber, Neustift

Für Sommelier und Seniorchef Hansjörg Ganthaler ist der Silvaner Alte Reben vom Pacherhof »ein Wein von außerordentlicher geschmacklicher und aromatischer Intensität, der großen Trinkspaß verspricht. Apfel, weiße Blüten, Heu und kandierte Zitrusfrüchte prägen die Nase, am Gaumen dominieren Finesse, Mineralität und Salzigkeit.«

Selleriescheiben, Vanille-Halbgefrorenes, Rotwein-Birne

Für ihr Dessert hat Küchenchefin Evelin Frank eine extravagante Kombination aus Gemüse, Gewürzen und Obst gewählt – Selleriescheiben, Vanille mit Eiern und Sahne, Birne mit Zimt, Nelke, Zitrusfrüchten und Rotwein –, um die Gäste zu überraschen und zu verführen.

Für 4 Personen ▲ Zubereitung: 30 Minuten ▲ Kochzeit: 25–30 Minuten ▲ Gefrierzeit: 4–5 Stunden
Schwierigkeitsgrad: mittel

Zutaten

Für die Selleriescheiben
1 Knolle Sellerie
100 g Zucker
etwas Zitronensaft

Für das Vanille-Halbgefrorene
3 Eier
2 Eigelb
50 g Zucker
1 Vanilleschote
1 Prise Salz
500 ml Sahne

Für die Rotwein-Birne
500 ml kräftiger Rotwein (Südtiroler Cabernet)
100 g Zucker
1 Gewürznelke
etwas Orangen-Zitronen-Abrieb
1 kleine Zimtrinde
1 Birne

Zubereitung

Selleriescheiben
Die Sellerieknolle putzen, schälen und mit der Aufschnittmaschine in dünne Scheiben schneiden. Mit 200 ml Wasser, dem Zucker und Zitronensaft kurz aufkochen. Die Selleriescheiben aus dem Sud nehmen und abkühlen lassen. Die Marinade erkalten lassen und die Scheiben wieder hineinlegen.

Vanille-Halbgefrorenes
Die Eier, das Eigelb, den Zucker, die ausgekratzte Vanilleschote und das Salz im Wasserbad bei 80 °C warm schlagen. Danach in der Rührmaschine kalt schlagen. Die halbgeschlagene Sahne unter die kalte Eimasse heben, in eine Form gießen und gefrieren lassen.

Rotwein-Birne
Den Rotwein mit dem Zucker und den übrigen Gewürzen aufkochen und bis zur Hälfte einreduzieren lassen. Die Birne schälen, vierteln und etwa 3 Minuten im Rotweinsud mitkochen.

Anrichten
Die Selleriescheiben auf einem Teller anrichten, das Vanille-Halbgefrorene daraufplatzieren und mit der Rotwein-Birne garnieren.

Weintipp

Petit Manseng Le Petit, Weingut Manincor, Kaltern
Sommelier und Seniorchef Hansjörg Ganthaler empfiehlt zu diesem extravaganten Dessert einen besonderen Weißwein »mit fruchtbetonten Aromen und Noten von Mango, Litschi und getrockneten Aprikosen sowie mit komplexer Tiefe und feinen Honig- und Botrytisnoten. Am Gaumen besticht der Wein mit einem spannenden Spiel, mit einer Süße von ausgesuchter Eleganz und ungeahnter Frische«.

ZU BESUCH BEI BERNHARD UND MATTHIAS FEICHTER

Bernhard Feichter bäckt in seinem Holzofen dreimal wöchentlich ein ganz besonderes Brot: aus eigenem, bio-dynamisch angebautem Getreide, nach alten Rezepten und mit speziellen Zutaten. Die Kunden stehen an diesen Tagen im Hofladen des Feichter-Hofs im Toblacher Dorfzentrum Schlange.
Christl und Bernhard Feichter haben sich schon vor Jahrzehnten der Philosophie Rudolf Steiners, der biodynamischen Landwirtschaft, dem Anbau und der Verarbeitung von biologischen Produkten verschrieben. Aus Überzeugung und mit viel Engagement und Pioniergeist. Wenn der Demeter-Bauer beim Philosophieren über sein Verhältnis zur Natur, über gesunde Nahrungsmittel und die gemeinsame Zukunft in Fahrt kommt, kann ihn niemand bremsen. Zu verwurzelt ist er in seiner Arbeit, zu überzeugt von seinen Visionen.
Die Feichters – heute gemeinsam mit Sohn Matthias – bieten in ihrem Hofladen neben Brot auch ihre hofeigenen biologisch-dynamischen Demeter-Produkte an: Gerste, Dinkel-, Weizen- und Roggenmehl, Bio-Kekse und -Crackers, Kartoffeln und Gemüse der Saison, Gewürze, Kräuter und Natursäfte. Das Saatgut ist selbst gezüchtet, an die lokalen Witterungsverhältnisse angepasst und besonders widerstandsfähig. Das Getreide wird in der hauseigenen Natursteinmühle zu Mehl gemahlen.
Vom gereinigten Dinkelspelz näht Christl Dinkelspelzkissen, die wohltuende Entspannung versprechen. Eine Rarität ist das Zigainerkraut, auch Brotklee genannt, das neben Fenchel, Kümmel und Koriander zu den beliebten Südtiroler Brotgewürzen zählt und dem traditionellen Roggenbrot (Schüttelbrot, Puschtra-Breatln und Vinschger-Paarln) seinen unverwechselbaren würzig-aromatischen Geschmack verleiht.

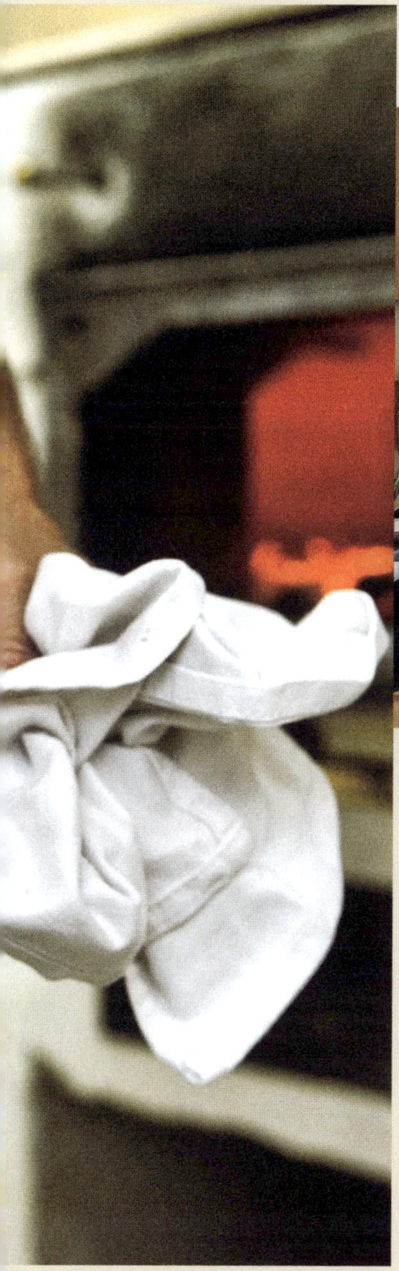

Radikal lokal

CHRISTOPH HUBER, »ZUR BLAUEN TRAUBE«

Ein historischer Gasthof unter Denkmalschutz hat 2019 im Zentrum von Algund als neues Wirtshaus »Zur Blauen Traube« neu eröffnet. Mit jungem Esprit und dem klaren Motto »Radikal lokal« sind Christoph Huber und sein Team in ihr neues gastronomisches Abenteuer gestartet.
Der Küchenchef hegte schon immer den großen Traum, ein eigenes Wirtshaus zu eröffnen, in dem er »radikal lokal« kochen kann. Darunter versteht Christoph Huber »eine weltoffene Küche, in der lokale Produkte aus einem Umkreis von 200 Kilometern verwendet werden«. Vanille, Zimt und Nelken sucht man in seiner Küche vergebens. Pfeffer bezieht er von einem Südtiroler Bauern. »Dieses Konzept radikal und ehrlich durchzuziehen und einheimische Produzenten und Lieferanten zu finden, ist eine große Herausforderung. Aber: Halbe Sachen mag und mache ich nicht!«

CHRISTOPH HUBER

Jahrgang 1987, startete nach der Ausbildung in der Landesberufsschule seine Laufbahn bei Sternekoch Norbert Niederkofler. Dann zog es ihn in die weite Welt hinaus. Es folgten Stationen in Australien und Holland, in Österreich und Deutschland. Den letzten Schliff erhielt Christoph Huber bei Sternekoch Gerhard Wieser im Hotel »Castel« in Dorf Tirol. 2019 startete er mit seinem eigenen Wirtshaus »Zur Blauen Traube« in Algund.
Lieblingsgericht: Hühnersuppe mit Wurzelgemüse und Nudeleinlage

Lauwarme Kalbszunge sauer mit Salsa verde

Kalbskopf sauer, mit Zwiebel angerichtet, zählt zu den Klassikern der Südtiroler Küche. Kalbszunge wird meist in Verbindung mit Bollito misto, dem gemischten Gekochten, serviert. Christoph Huber präsentiert seine sauer angerichtete Kalbszunge lauwarm und mit Salsa verde.

Für 4 Personen ▲ Zubereitung: 30 Minuten ▲ Kochzeit: 2,5 Stundenn ▲ Schwierigkeitsgrad: leicht

Zutaten

Für die Salsa verde
100 g Blattpetersilie
1 Essiggurke
4 Silberzwiebeln
½ Zehe Knoblauch
100 ml Olivenöl extra vergine

Für die Kalbszunge
2 faustgroße Rohnen (Rote Bete)
2 gepökelte Kalbszungen vom Metzger
1 Karotte
1 Zwiebel
2 Lorbeerblätter
Pfefferkörner
Wacholderbeeren
20 in Essig eingelegte Perlzwiebeln
5 Radieschen
5 Essiggurken
1 Bund Schnittlauch
Apfelessig
1 Schale Gartenkresse
1 Stange Meerrettich

Zubereitung

Salsa verde

Die Petersilie mit der Essiggurke, den abgezogenen Silberzwiebeln und dem abgezogenen Knoblauch ganz fein hacken und anschließend mit dem Olivenöl vermengen und beiseitestellen.

Kalbszunge

Die Rohnen in Wasser etwa 1 Stunde weich kochen, auskühlen lassen und beiseitestellen.
Die Kalbszungen in Wasser mit der Karotte, der Zwiebel, dem Lorbeer, Wacholder und Pfeffer 2½ Stunden weich kochen und anschließend die Haut von der Zunge abziehen.
Die Zunge längs in feine Scheiben schneiden, die Perlzwiebeln, die Radieschen und die Essiggurken ebenfalls in Scheiben schneiden und mit dem Fleisch vermengen, den fein geschnittenen Schnittlauch dazugeben und mit Apfelessig abschmecken. Alles in einer Schüssel im vorgeheizten Ofen bei 125 °C 5 Minuten aufwärmen. Währenddessen die Rohnen in feine Scheiben schneiden.

Anrichten

Die Zunge in der Mitte eines Tellers anrichten, mit etwas Salsa verde beträufeln, mit den Rote-Bete-Scheiben abdecken, mit der abgeschnittenen Kresse garnieren und den Meerrettich mit einem Gemüsehobel fein darüberreiben. Etwas Zungenfond darüberträufeln.

Weintipp

Südtiroler Vernatsch, Weingut Donà, Eppan

Elegante, fruchtige und sortentypische Aromen mit Noten von roten Beeren und Mandeln prägen diesen typischen Südtiroler Vernatsch von Hansjörg Donà. Am Gaumen wartet der Wein mit knackiger, mittelkräftiger Struktur, Frische und einladender Trinkigkeit auf.

Risotto vom Südtiroler Golden-Delicious-Apfel mit geflämmtem Räucheraal

Risotto kann in vielen Variationen gekocht werden. Das Grundrezept kann mit Kräutern, Gemüse, Fisch oder Fleisch ganz nach Belieben variieren. Gemüsebrühe, Butter und Parmesankäse sollten dabei aber nie fehlen. Küchenchef Christoph Huber lädt zu einem besonderen Risotto mit Südtiroler Äpfeln und Räucheraal.

Für 4 Personen ▲ Zubereitung: 20 Minuten ▲ Kochzeit: 30–40 Minuten ▲ Schwierigkeitsgrad: leicht

Zutaten

280 g Reis Carnaroli für Risotto
50 ml Weißwein (Südtiroler Chardonnay)
1 l Gemüsefond
3 Golden-Delicious-Äpfel
100 g Butter
100 g geriebener Parmesankäse
Salz
1 Räucheraal
einige Apfelscheiben zum Garnieren

Zubereitung

Den Reis in einem passenden Topf leicht anrösten, mit dem Weißwein ablöschen, nach und nach mit dem Gemüsefond aufgießen und in der auf der Packung angegebenen Zeit kochen.
Die Äpfel schälen, entkernen und (ohne Zucker) weich kochen. Das Apfelmus in den letzten 5 Kochminuten zum Reis geben. Anschließend das Risotto mit der Butter und dem Parmesan montieren und mit Salz und eventuell etwas Zucker abschmecken.
Den geputzten Aal in 2 cm große Stücke schneiden und mit einem Bunsenbrenner abflambieren.

Anrichten

Risotto in der Mitte eines jeden Tellers anrichten, 3 Stück Aal daraufplatzieren und mit frischen Apfelscheiben garnieren.
Anstelle des Räucheraals kann auch eine geräucherte Forelle verwendet werden.

Weintipp

Südtiroler Chardonnay Gaun, Weingut Alois Lageder, Margreid

Ein gehaltvoller, im Stahltank vergorener und gereifter Chardonnay aus der Lage Gaun auf dem Margreider Schuttkegel. Der Wein überzeugt in der Nase mit delikaten, komplexen Noten von reifen Südfrüchten, von Mango und Aprikosen, mit saftig-vollem, elegantem Geschmack sowie mit harmonisch frischem, lang anhaltendem Abgang.

Rosa gebratenes Rindsschulternahtl mit Bäckerinkartoffeln und Topinambur

Die Rindsschulter ist ein großes Teilstück des Vorderviertels beim Rind. Sie ist wenig bis mäßig mit Fett durchwachsen. Das Fleisch ist stark marmoriert, hat Biss und eignet sich perfekt zum Grillen und Kurzbraten. Christoph Huber bereitet sein Rindsschulternahtl mit Kartoffeln und Topinambur zu.

Für 4 Personen ▲ Zubereitung: 20–30 Minuten ▲ Kochzeit: 30–40 Minuten ▲ Schwierigkeitsgrad: leicht

Zutaten

5 faustgroße, festkochende Kartoffeln
Butter
Salz
400 g Topinambur
1 Rindsschulternahtl (Flat Iron Steak) zu 600 g (vom Metzger parieren lassen)
50 ml Rotwein (Südtiroler Blauburgunder)

Zubereitung

Die Kartoffeln schälen und mit einem runden Ausstecher (ca. 3 cm Durchmesser) etwa 8 cm lange Kartoffelstäbe ausstechen. Die Kartoffelstücke in Alufolie mit etwas Butter und Salz einschlagen und bei 200 °C im vorgeheizten Ofen etwa 20 Minuten backen.
Die Topinambur schälen, ebenfalls mit etwas Butter und Salz in Alufolie einschlagen und im Ofen backen.
Das Rindsschulternahtl in vier gleich große Stücke teilen (etwa 150 g), in einer Pfanne scharf anbraten und anschließend im vorgeheizten Ofen bei 120 °C medium garen. Dann herausnehmen und 5 Minuten ruhen lassen.
Den Bratensatz in der Pfanne mit dem Rotwein aufgießen, einreduzieren lassen.

Anrichten

Die Topinambur und die Kartoffeln in etwas Butter anbraten, bis sie heiß sind, die Rindsschulternahtl-Stücke halbieren und alles gemeinsam mit der Bratensatz-Sauce auf den Tellern schön anrichten.

Weintipp

Südtiroler Merlot Riserva Gant, Kellerei Andrian, Terlan

»Der Merlot Gant mit seiner kräftigen rubin- bis granatroten Farbe duftet nach reifen und getrockneten Früchten, nach Zwetschgen und Johannisbeeren«, beschreibt Kellermeister Rudi Kofler seinen Wein. »Im Mund ist der Wein kräftig, mit angenehmen und entwicklungsfähigen Gerbstoffen, dicht und komplex und mit gutem Reifepotenzial.«

Der heimischen Küche Authentizität zurückgeben

LUIS HALLER, »SCHLOSSWIRT FORST«

Luis Haller kocht mit Leidenschaft und mit großem handwerklichen Können. In seiner sorgsam durchdachten, präzisen und ausbalancierten Küche bevorzugt er Zutaten aus dem Umland und verwendet gerne rare oder in Vergessenheit geratene Ingredienzen. Traditionsreiche Rezepturen erweckt er durch raffinierte Interpretationen zu neuem Leben und lässt sie zu zeitgemäßen Ehren kommen. »Aus Verbundenheit und Respekt zu ehrlichen und bodenständigen Produkten versuche ich, der heimischen Küche gerecht zu werden und ihr so ihre Authentizität zurückzugeben«, umreißt Luis Haller sein Küchencredo »Bodenständig, aber gscheid!«. Dem Küchenchef geht es darum, »aus ausgewählten, natürlichen Komponenten etwas völlig Neues, Ungewöhnliches, Großartiges zu erschaffen«.
Im traditionsreichen Algunder Gasthaus »Schlosswirt« aus dem frühen 14. Jahrhundert lädt Luis Haller in gemütlichem Gastgarten und noblen Bier-Stuben zu gehobener Tiroler Kost sowie in der exklusiven »Luisl-Stube« zu exklusiver, international inspirierter Gourmetküche, in der sich französisches Handwerk und Tiroler Zutaten harmonisch vereinen.

LUIS HALLER

Jahrgang 1977, wuchs im Passeiertal auf. Nach dem Abschluss der Hotelfachschule in Meran arbeitete er in verschiedenen Restaurants und Hotels im In- und Ausland, unter anderem bei Jöhri Talvo in St. Moritz, bei »Döllerer's Genusswelt« in Golling, im Ristorante »Arquade-Villa del Quar« in Verona und im Restaurant »Vendôme« in Bergisch Gladbach. 2009 erkochte er sich seinen ersten Michelinstern im Restaurant »Fragsburg« in Meran. Seit 2017 führt er den »Schlosswirt Forst« mit dem Gourmetrestaurant »Luisl-Stube« und dem traditionellen Wirtshausrestaurant »Schlosswirt« in Algund.
Lieblingsgericht: Ofenfrischer Apfelstrudel

Gebeizter Quellwassersaibling an Brunnenkresse und Buttermilch

Saibling und Forelle zählten zu jenen Süßwasserfischen, die den Speiseplan der Südtiroler Familien in der Vergangenheit hie und da bereichert haben. Mit Brunnenkresse, die einst in jedem Garten wuchs, und frischer Buttermilch, die eine Renaissance erlebt, verfeinert Luis Haller seinen Quellwassersaibling.

Für 4 Personen ▲ Zubereitung: 30–40 Minuten ▲ Kochzeit: 24 Stunden ▲ Schwierigkeitsgrad: mittel

Zutaten

200 g Meersalz
200 g brauner Zucker
8 g schwarzer Pfeffer
4 g Senfkörner
5 g Pimentkörner
1 Lorbeerblatt
4 g Wachholder
5 g Fenchelsamen
1 Saibling, filetiert
80 ml Traubenkernöl
50 g frische Brunnenkresse
80 ml Buttermilch
etwas Limettenabrieb
Salz, Pfeffer
etwas frische Kresse zum Garnieren

Zubereitung

Für die Beize das Meersalz mit dem braunen Zucker und den Gewürzen mischen, in einem Mixer fein passieren und ruhen lassen. Den Saibling entgräten und mit dem Gemisch aus Gewürzen umhüllen. Mit Klarsichtfolie abdecken, für 24 Stunden in den Kühlschrank stellen und ruhen lassen. Danach die Gewürzmischung abwaschen, den Saibling trockentupfen und portionieren.
Für das Kresseöl das Traubenkernöl mit der Brunnenkresse im Thermomix bei 65 °C auf höchster Geschwindigkeit mixen, durch ein Etamin (feines Leinentuch) sieben und auf crashed ice (zerkleinertem Eis) kalt rühren. Lichtgeschützt und kühl lagern.

Anrichten

Die Buttermilch mit dem Limettenabrieb, Salz und Pfeffer würzen, auf einem Teller anrichten, den portionierten Saibling daraufplatzieren, mit frischer Kresse garnieren und mit dem Kresseöl beträufeln.

Weintipp

Südtiroler Sauvignon, Weingut Elena Walch, Tramin

Zum gebeizten Quellwassersaibling empfiehlt Schlosswirt-Sommelier Nicola Spimpolo diesen fruchtbetonten, frischen Weißwein vom Weingut Elena Walch wegen seiner leichten, einladenden Struktur und des aromatischen Buketts mit Holunder-, Stachelbeer- und feinen Kräuternoten.

Kastanienschaumsuppe mit Lorbeermilch und schwarzer Trüffel

Herbstzeit ist in Südtirol Törggelezeit. Der Duft der gebratenen Kastanien verführt jeden Wanderer und Feinschmecker. Kastanienmehl war aber auch einst in vielen Regionen das Mehl der Armen. Mit seiner Kastaniensuppe erweckt Luis Haller Erinnerungen zu neuen kulinarischen Erlebnissen.

Für 4 Personen ▲ Zubereitung: 40 Minuten ▲ Kochzeit: 50 Minuten ▲ Schwierigkeitsgrad: leicht

Zutaten

200 g Esskastanien
1 EL Butter
1 EL Olivenöl extra vergine
1 Schalotte, klein geschnitten
1 Prise Pfeffer aus der Mühle
500 ml Gemüsebouillon
1 TL Marsala
etwas Zitronensaft
1 Prise Zucker
1 Prise Salz
100 ml frische Sahne
100 ml frische Heumilch
6 Lorbeerblätter
etwas frischer Trüffel

Zubereitung

Für die Suppe die frischen Esskastanien auf der gewölbten Seite mit einem scharfen Messer einritzen und ½ Stunde in Wasser kochen. Danach die Kastanien mit einem Teelöffel aus der Schale lösen.
Die Butter in einem Kochtopf erwärmen und dann das Olivenöl dazu geben. Die Schalotte im Kochtopf andünsten und pfeffern, mit der Bouillon ablöschen und die Kastanien, das Marsala, Zitronensaft, Zucker und Salz hineingegeben. Die Suppe etwa 40 Minuten auf niedriger Temperatur kochen und anschließend mit einem Pürierstab pürieren. Die geschlagene Sahne hinzufügen und mit Salz und Pfeffer nochmals abschmecken.
Die Heumilch mit den Lorbeerblättern auf 60 °C erwärmen und ½ Stunde ziehen lassen, dann die Lorbeerblätter entfernen und die Milch mittels Stabmixer aufschäumen.

Anrichten
Die Kastaniensuppe in einen tiefen Teller geben, eine Schaumwolke von der Lorbeermilch in die Mitte platzieren und frisch gehobelten Trüffel darüberstreuen.

Weintipp

Souvignier gris, Weingut Gandberg, Thomas Niedermayr, Eppan

»Schlosswirt«-Sommelier Nicola Spimpolo wählt zu diesem herbstlichen Gericht einen außergewöhnlichen Kontrast, der die leichte Süße der Kastanie begleitet und Lorbeer sowie schwarze Trüffel nicht übertönt. »Der Souvignier gris von Thomas Niedermayr ist durch seine Maischegärung und seine besondere Art mit dunklen Steinobstaromen von Pflaumen, Amarena-Kirschen und Mandeln sowie seine saftigen Gerbstoffe ein spannender Begleiter.«

Laugenrindbackerl in Lagreinjus mit Vinschgerlen und eingelegten Radieschen

Laugenrind, eine typische Grauviehrasse der Alpenregion, steht für Südtiroler Qualitätsfrischfleisch direkt vom Bergbauern. Als EU-Leader-Programm ins Leben gerufen, steht das Projekt für nachhaltige Landwirtschaft, ethische Produktion, kurze Transportwege, regionale Wertschöpfung, gesunde Ernährung und authentischen Genuss.

Für 4 Personen ▲ Zubereitung: 40 Minuten ▲ Kochzeit: 60 Minuten ▲ Garzeit: 30 Stunden
Schwierigkeitsgrad: mittel

Zutaten

Für die Rindbackerl
2 Rinderbacken (etwa 800 g)
Salz und Pfeffer
Samenöl
verschiedene verfügbare Kräuter
2 Zitronen, nur Schale
Olivenöl extra vergine

Für den Lagreinjus
4 Schalotten
2 Zweige Rosmarin
500 ml Lagrein (Rotwein)
500 ml Kalbsjus

Für die Radieschen
125 g Zucker
125 ml Weißwein
200 ml Weißweinessig
Wacholderbeeren, Piment, Senfkörner
Salz und Pfeffer
8 Radieschen

Für die Garnitur
100 g Vinschgerle-Croûtons
Schnittlauch

Zubereitung

Laugenrindbackerl
Die Rinderbacken putzen, mit Salz und Pfeffer gut würzen. In heißem Samenöl gut anbraten, bis sie Farbe annehmen. Mit Kräutern, Zitronenschale und etwas Olivenöl vakuumieren und 30 Stunden bei 73 °C garen. Dann in Eiswasser abschrecken und portionieren.

Lagreinjus
Die Schalotten mit dem Rosmarin in Olivenöl anschwitzen. Den Rotwein beigeben und köcheln lassen, bis der Alkohol verdampft ist. Die Reduktion durch ein feines Sieb abgießen, den Kalbsjus dazugeben und bis zur gewünschten Konsistenz reduzieren.

Radieschen
Den Zucker, den Weißwein, 125 ml Wasser, den Essig und die Gewürze in einem Topf zusammen aufkochen, vom Herd nehmen, abschmecken und die gewaschenen Radieschen im noch kochenden Fond in ein Einweckglas geben, gut verschließen und in den Kühlschrank stellen.

Anrichten
Das portionierte Laugenrindbackerl im Ofen erwärmen, in die Mitte des Tellers platzieren, mit dem Lagreinjus bedecken, mit den krokanten warmen Vinschgerle-Croûtons garnieren und die eingelegten Radieschen dazugeben. Frisch geschnittenen Schnittlauch darüberstreuen.

Weintipp

Südtiroler Lagrein Riserva, Weingut Erbhof Unterganzner, Josephus Mayr, Bozen

Das Laugenrindbackerl verlangt nach einem würzigen und kräftigen Rotwein. Für Sommelier Nicola Spimpolo begleitet dieser Lagrein Riserva mit seinen reifen Aromen von Brombeeren und Waldfrüchten und seinen eleganten Gerbstoffen das Gericht wunderbar. Als Alternative empfiehlt der Sommelier ein **Felsenkeller-Bier der Spezialbrauerei Forst,** »das durch seinen vollmundigen Charakter und seine malzigen Noten das Gericht ebenfalls wunderbar unterstreicht«.

Gebackenes Apfelstrudelparfait mit Sauerrahm-Espuma und warmem Waldhonig

Im Apfelland Südtirol dreht sich gar manches um den Apfel. Ausgehend vom klassischen Apfelstrudel mit seinen traditionellen Zutaten kreiert Luis Haller mit seinem gebackenen Apfelstrudelparfait ein leckeres, einladendes Dessert.

Für 4 Personen ▲ Zubereitung: 60 Minuten ▲ Kochzeit: 30 Minuten ▲ Kühlzeit: 24 Stunden
Schwierigkeitsgrad: mittel

Zutaten

Für das Apfelstrudelparfait
80 g Apfelwürfel
Butter
Pinienkerne
Zimt
Rosinen
2 Eigelb
50 g Zucker
etwas Limettenabrieb
etwas Rum
2 Eier
30 g Zucker
200 ml Sahne
80 g Ziehteig
40 g Butter
Frittieröl

Für die Sauerrahm-Espuma
500 ml Sauerrahm
1 Zitrone
120 g Staubzucker
10 ml Milch
80 ml Sahne
1 Blatt Gelatine
Pistazien

Für die Garnitur
100 g Honig
Minzblätter
Pistazienkerne
Staubzucker

Zubereitung

Apfelstrudelparfait

Die Äpfel schälen, in kleine Würfel schneiden und in der Butter anbraten. Pinienkerne, Zimt und Rosinen nach Gusto dazugeben und leicht andünsten. In einer Schüssel das Eigelb, den Zucker, Limettenabrieb und etwas Rum warm und kalt schlagen.
In einer separaten Schüssel das Eiweiß mit dem Zucker zu Schnee schlagen – nicht zu fest. Die Sahne schlagen, danach die kalten angebratenen Äpfel, die Eimasse, das geschlagene Eiweiß und die Sahne mittels Kochlöffel unterheben, in eine Form geben und bei -20 °C 24 Stunden tiefkühlen.
Das Halbgefrorene aus der Form nehmen und in kleine Rechtecke schneiden. Den Ziehteig auslegen und mit der geklärten Butter bestreichen. Das Halbgefrorene in die Mitte geben, einrollen und wie ein Bonbon zusammendrehen. In heißem Frittieröl kurz backen, herausnehmen und auf ein Küchenpapier legen.

Sauerrahm-Espuma

Den Sauerrahm, die abgeriebene Zitronenschale, den Staubzucker, die Milch und die Sahne glatt rühren und die Gelatine dazugeben. Alles durch ein Spitzsieb seihen, in eine Isi-Flasche geben, eine Patrone dazugeben, schütteln und sofort verwenden.

Anrichten

Den Waldhonig in eine Glasschüssel geben und im Wasserbad erwärmen (nicht zu heiß). Auf einen Teller das gebackene Apfelstrudelparfait platzieren, kleine Kleckse von der Sauerrahm-Espuma dazugeben, den warmen Waldhonig mittels Löffel außen herumziehen und mit Pistazien, Minzblättern und Staubzucker garnieren.

Weintipp

Südtiroler Gewürztraminer Passito Sanct Valentin Comtess, Kellerei St. Michael Eppan

Dieses erfrischende, geschmackvolle Dessert begleitet »Schlosswirt«-Sommelier Nicola Spimpolo mit einem Gewürztraminer Passito, »der mit seinem intensiv-fruchtigen und cremigen Charakter mit Noten von getrockneten Aprikosen, Südfrüchten und Honig dieses Dessert zu einem Feuerwerk am Gaumen macht«.

ZU BESUCH BEI LEANDER REGENSBURGER UND LORENZ BORGHI

In aufwendiger Handarbeit ernten die beiden Diplom-Kräuterbauern Lorenz Borghi und Leander Regensburger auf einer Meereshöhe von 1.350 Metern Blüten, Kräuter und Gewürze – zum »balsamischen Zeitpunkt«, also in jenem Moment, in dem die in reiner Bergluft langsam gewachsenen Pflanzen die meisten Wirkstoffe enthalten.
Im Anbau und bei der Ernte der rund 40 Bergkräuter, Blüten und Gewürze werden die Kräuterrebellen von mehreren kleinbäuerlichen Anbaupartnern unterstützt. Sämtliche Kräuter und Blüten werden von Hand geerntet und danach schonend getrocknet. So erhält sich das intensive Aroma der langsam gewachsenen Bergkräuter am intensivsten und am besten.
Anschließend veredeln sie Lorenz Borghi, Lehrer an der Fachschule für Land- und Forstwirtschaft Fürstenburg, und Leander Regensburger, Gemeindebediensteter in Martell, zu einzigartigen Teemischungen. In Handarbeit abgepackt und etikettiert werden diese dann von der »Lebenshilfe Vinschgau«, einem Verein, der Menschen mit Beeinträchtigung in allen Lebenslagen in ihrem Bestreben nach einem selbstbestimmten Leben unterstützt.
Präsentiert und angeboten werden die Produkte in origineller Art und Weise: in Pyramidenbeuteln aus 100 Prozent biologisch abbaubaren Naturfasern und in schmucken, wiederverwertbaren Edelstahl-Teedosen. Die besondere Qualität, die intensiven Aromen und die wunderbare Farbenpracht sieht, riecht und schmeckt man.
Die beiden Kräuterrebellen »Lorenz & Leander« haben ihr Kräuterprojekt von Anfang an als ganzheitlichen wirtschaftlichen Kreislauf konzipiert, als ökologisches und soziales Projekt im Dienst der Allgemeinheit und der Gesundheit. »Wir sind selbst bekennende Teeliebhaber und wissen daher, wie wir unseren Tee mit unserem Fingerabdruck einzigartig und geschmackvoll verfeinern können – wir produzieren keine Massenprodukte, sondern etwas ganz Besonderes und Exklusives.«

KLETTERSTEIG
FERRATA

Zurück zu den Ursprüngen

THOMAS ORTLER, »FLURIN«

»Keine kulinarische Tradition ist so simpel wie jene der Verwertung und der Selbstfindung«, ist Thomas Ortler, Chef-Patron des 2018 eröffneten Restaurants »Flurin« in Glurns überzeugt. »Mit Verwertung ist unser Versuch gemeint, im Stile älterer Generationen einen Weg zu finden, um unsere Ressourcen nachhaltig und umfassend zu verwenden. Dieser Zugang fördert nicht nur die Verringerung der Müllproduktion, sondern bietet uns auch die Möglichkeit, im Stil einer respektvolleren Kochkultur zu handeln.«
Unabdingbar ist für den kreativen Küchenchef im historischen Flurinsturm des mittelalterlichen Städtchens ein Verständnis für die Natur, die uns umgibt. Mit seinem Team versucht er, Gerichte mit viel Fantasie und Kreativität an das Heimattal und dessen Kultur anzupassen. Monatlich entstehen wechselnde Menüs, in denen regionale und saisonale Produkte auf kulinarischen Witz und Eigensinn treffen.

THOMAS ORTLER
Jahrgang 1993, hat den Bachelor in Geschichtswissenschaften an der Uni Wien erworben und ein Masterstudium der Wirtschafts- und Sozialgeschichte an der Humboldt-Universität zu Berlin hinter sich. Im Sommer 2016 absolvierte er eine Küchenausbildung im »Försterbräu« in Mals. Es folgten Praktika im Steigenberger-Hotel »Maxx Sanssouci Potsdam« und Arbeitseinsätze als Commis de Cuisine in der Patisserie des *Sterne-Restaurants »Cinco by Paco Perez« in Berlin und als Chef de Partie im **Sterne-Restaurant »Konstantin Filippou« in Wien.
Lieblingsgericht: Lasagne al forno und Kasknödel

Hausgemachte Pappardelle mit Kitzragout und Speck

Dieses Pastagericht verkörpert für Küchenchef Thomas Ortler die Fusion aus alpenländischer und mediterraner Kochkunst in Südtirol. Ein im Vinschgau typisches Festtagsgericht, das »Bauernbratl«, trifft auf die norditalienische Pasta- und Ragoutkultur.

Für 6 Personen ▲ Zubereitung: 30–40 Minuten ▲ Kochzeit: 3 Stunden ▲ Fermentierzeit: 3 Tage
Schwierigkeitsgrad: mittel

Zutaten

Für die Pappardelle
6 große Freiland-Eier
400 g Weizenmehl (Typ 00)
200 g feiner Hartweizengrieß (Semolina)

Für das Ragout
4 Karotten
1 Stange Sellerie
4 Zwiebeln
3 Zehen Knoblauch
2 EL Tomatenkonzentrat
Olivenöl extra vergine
Salz
1–2 kg Kitzschulter oder -keule (alternativ auch vom Lamm)
Pfeffer
1 kleiner Bund Thymian
3 Lorbeerblätter
400 ml trockener Rotwein (Südtiroler Merlot)
Butter
100 g geriebener Parmesankäse

Für die Garnitur
10 Scheiben geräucherter Bauchspeck

Zubereitung

Pappardelle

Alle Zutaten mit der Hand oder im Rührgerät zu einem glatten und homogenen Teig kneten. Die Teigkugel in Klarsichtfolie einwickeln und mindestens 20 Minuten im Kühlschrank ruhen lassen.
1 cm dicke Scheiben von der Teigkugel schneiden, in etwas Hartweizengrieß wälzen und mit einem Nudelholz dünn ausrollen – man soll die eigene Hand unter dem Pastablatt erkennen. Wieder etwas Hartweizengrieß auf die fertige »Sfoglia« streuen und die Teigblätter in etwa 20 cm lange Abschnitte schneiden. Daraus 2–3 cm breite Streifen schneiden. Die Pappardelle leicht bemehlen, gut verteilen und mit einem Küchentuch bedeckt beiseitestellen.

Ragout

Die Karotten und den Sellerie in kleine Würfel schneiden, die Knoblauchzehen und die Zwiebeln abziehen, vierteln und in einen Schmortopf mit etwas Olivenöl, dem Tomatenkonzentrat und einer Prise Salz geben. Mit den Händen alles gut vermischen.
Das Kitzfleisch samt Knochen großzügig mit Salz und Pfeffer würzen und zusammen mit den Kräutern auf das Gemüsebett legen. Mit Rotwein aufgießen und so viel Wasser hinzufügen, dass das Fleisch bis zur Hälfte in der Flüssigkeit schwimmt.
Den Topf mit einem Deckel oder einer doppelten Schicht Alufolie bedecken und bei 170 °C bei Umluft so lange im Backrohr schmoren lassen, bis das Fleisch sich leicht vom Knochen lösen lässt (etwa 3 Stunden).
Die Speckscheiben auf einem Backblech verteilen und die letzten 20 Minuten mit in den Ofen schieben. Nach abgeschlossener Garzeit das Fleisch und den Speck kurz abkühlen lassen.
Die Zwiebel, den Knoblauch und die Kräuter behutsam aus dem Schmorgefäß nehmen. Die Zwiebel und den Knoblauch mit etwas Flüssigkeit und kalter Butter zu einer Creme mixen und für die Vollendung des Gerichts warm stellen.

Weintipp

Südtiroler Merlot Freistil, Weingut in der Eben, Urban Plattner, Kardaun

»Kräftige Tannine runden die Räucheraromen des Südtiroler Specks ab. Die Spontanvergärung lässt Raum für einen verblüffend verspielten Geschmack«, ist »Flurin«-Serviceleiterin Teresa Junker begeistert. »Der Wein lässt das kräftige Kitzragout mit der Zwiebelmousse lange am Gaumen nachklingen und gibt ihm abrundende Fülle.«

Das Kitzfleisch mit zwei Gabeln in größere und kleinere Stücke zerrupfen und den Knochen entfernen. Das Fleisch zurück zur Sauce in den Schmortopf geben und nach Belieben mit Salz und Pfeffer abschmecken.
Die Pappardelle in reichlich gesalzenem Wasser 2–3 Minuten kochen und dann die Nudeln direkt mit etwas Kochwasser in die Sauce geben. Die Pasta gut mit dem Ragout vermischen und zum Schluss etwas kalte Butter und den Parmesan hinzufügen.

Anrichten

Etwas Zwiebelcreme auf den Tellern verteilen, die heiße Pasta daraufgeben und den knusprigen Speck über jeder Portion zerbröckeln.

Gegrillte Lachsforelle mit Fenchel und geröstetem Pfirsich

Ein sommerliches Rezept, das sowohl auf dem Holzkohlegrill als auch ganz einfach in der Küche zubereitet werden kann. Das Gericht stellt für Thomas Ortler eine Hommage an die karibische Küche mit regionalen Südtiroler-Produkten in Top-Qualität dar. Der Pfirsich bringt dabei sowohl optisch als auch geschmacklich die nötige Lebensfreude auf den Teller: einfach, rund, spannend.

Für 4 Personen ▲ Zubereitung: 30 Minuten ▲ Kochzeit: 30 Minuten ▲ Schwierigkeitsgrad: mittel

Zutaten

Für die Fenchelcreme
50 g Butter
½ Zwiebel
1 Zehe Knoblauch
2 mittelgroße Knollen Fenchel
100 ml trockener Weißwein (Südtiroler Weißburgunder)
1 ganzer Sternanis
100 ml Gemüsefond
Salz

Für die Pfirsiche
2 reife, mittelharte Pfirsiche
Olivenöl extra vergine
Chili
Saft von ½ Zitrone

Für den Fisch
4 Lachsforellenfilets mit Haut zu je etwa 120 g
Salz
Pfeffer
1 TL grob gemahlene Fenchelsamen
1 TL grob gemahlene Koriandersamen

Anrichten

Einen großzügigen Klecks von der Fenchelcreme auf den Teller geben, das gebratene Lachsforellenfilet darauflegen und mit einer gegrillten Pfirsichhälfte ergänzen.

Zubereitung

Fenchelcreme

Die Butter in einen Topf geben und bei mittlerer Temperatur zum Schmelzen bringen. Die Zwiebel abziehen, in kleine Würfel schneiden und gemeinsam mit der abgezogenen, gehackten Knoblauchzehe in der geschmolzenen Butter dünsten. Den Fenchel in dünne Streifen schneiden und dazugeben. Nach wenigen Minuten sollte das Gemüse leicht glasig sein. Den Weißwein und den Sternanis hinzufügen, die Herdtemperatur auf eine höhere Stufe stellen, bis der Wein kocht und auf die Hälfte einreduziert ist. Den Gemüsefond (notfalls auch nur Wasser) und eine großzügige Prise Salz hinzufügen. Den Topf zudecken und bei niedriger Temperatur 10 Minuten köcheln lassen, bis der Fenchel weich ist.
Alle noch heißen Zutaten außer dem Sternanis mit etwas Kochflüssigkeit zu einer geschmeidigen und homogenen Creme mixen.

Pfirsiche

Die reifen, aber noch festen Pfirsiche in der Mitte teilen und entkernen. Die Hälften einölen und auf ein mit Backpapier beschichtetes Backblech geben. Im Ofen bei 180 °C Umluft 20 Minuten braten, bis sie schön goldbraun und leicht karamellisiert sind. Dann noch etwas Olivenöl, etwas Zitronensaft und frisch gehackten Chili auf die gebackenen Pfirsiche geben.

Fisch

Die Fischfilets mit etwas Öl, Salz, Pfeffer und den beiden Gewürzen einreiben. Auf der Hautseite bei mittlerer Temperatur braten oder grillen. Bei Zubereitung in der Pfanne reichlich Öl dazugeben, damit die Haut schön knusprig wird und nicht anklebt. Auf dem Grill sollte dies durch richtige Temperaturhandhabung kein Problem sein. Den Fisch in beiden Fällen so lange braten, bis er fast gar ist. Im letzten Moment für ½ Minute wenden. Die Hautseite soll knusprig, das Zentrum sehr glasig und noch ein wenig roh sein.

Weintipp

Cuvée Caroline, Weingut Pranzegg, Martin Gojer, Bozen
(Weißweincuvée aus 35 % Sauvignon Blanc, 35 % Chardonnay, 15 % Viognier und 15 % Manzoni bianco)». Die fein oxidativen Noten von Viognier und Manzoni greifen die Röstaromen der gegrillten Elemente auf. Der Sauvignon Blanc geht auf die vegetalen Noten des Fenchels ein, welche dem Gericht eine schöne Frische einhauchen«, erklärt Teresa Junker. »Die kräftig-vollmundige, mit dezenten Holznoten gearbeitete Cuvée gibt dem Gericht zusätzliche Tiefe und setzt den Pfirsich frech in Szene.«

Palabirnenchutney mit gebrannten Mandeln, Mascarpone und Basilikum

Die Palabirnbäume haben im Obervinschgau Kultstatus und bilden einen Teil der Volksseele. Nicht umsonst kämpfen die Vinschger rund um Glurns – der kleinsten Stadt Südtirols – für die Rettung der vom Aussterben bedrohten Sorte: mit Palabira-Tagen, neuen Rezepten und einem eigenen Buch.

Für 4 Personen ▲ Zubereitung: 30–40 Minuten ▲ Ruhezeit: 2–3 Stunden ▲ Kochzeit: 20 Minuten
Schwierigkeitsgrad: mittel

Zutaten

Für das Chutney
2 mittelreife Palabirnen (oder eine andere Birnensorte)
Saft von 2 Zitronen
1 TL Anissamen
2 EL Gelierzucker

Für die gebrannten Mandeln
100 g Zucker
1 Prise Salz
170 g nicht enthäutete Mandelkerne
1 EL Zimtpulver

Für die Mascarponecreme
200 g Mascarpone
150 g Naturjoghurt
Mark von ½ Vanilleschote
1 EL Honig

Für die Basilikumöl
20 frische Blätter Basilikum
200 ml neutrales Samenöl

Zubereitung

Birnenchutney

Die Birnen schälen, den harten Strunk in der Mitte entfernen, in etwa 2 cm große Würfel schneiden und sogleich mit Zitronensaft marinieren. Die Birnen zusammen mit dem überschüssigen Zitronensaft, 80 ml Wasser, den Anissamen und dem Gelierzucker in einen Topf geben und das Ganze zum Kochen bringen. Nach 1–2 Minuten sollte die Flüssigkeit eingedickt, die Birne jedoch noch bissfest sein. Das Chutney komplett auskühlen lassen.

Gebrannte Mandeln

Bei mittelhoher Temperatur den Zucker zusammen mit 50 ml Wasser und dem Salz in einem Topf erhitzen, bis die Flüssigkeit kocht. Sobald der Sirup leicht bräunlich zu werden beginnt, sofort die Mandelkerne und das Zimtpulver hinzufügen und die Masse mit einem Holzlöffel umrühren, bis alle Mandeln mit dem Sirup bedeckt sind.

Sobald die gesamte Flüssigkeit im Karamell verdampft ist und die Mandelkerne aromatisch riechen, diese vorsichtig auf ein Backpapier geben und abkühlen lassen.

Mascarponecreme

Alle Zutaten langsam verrühren, bis die Creme geschmeidig und glatt ist. Sollte die Konsistenz etwas zu fest sein, genügt es, einen Schuss Milch dazuzugeben.

Basilikumöl

Die Basilikumblätter zusammen mit dem Öl mixen. Das noch trübe Basilikumöl in ein Einweckglas geben und für einige Stunden in den Kühlschrank stellen. Die Basilikumpartikel sinken mit der Zeit auf den Boden des Glases. Darauf bleibt ein klares, aromatisches Kräuteröl stehen.

Anrichten

In einer Dessertschale eine großzügige Menge der Mascarponecreme verteilen. Das Chutney mit den Mandelkernen in einer Schüssel vermischen und auf das Mascarponebett geben. Das köstlich-rustikale Dessert mit jeweils einem Schuss des Kräuteröls und ein paar kleinen Basilikumblättern verzieren.

Weintipp

Südtiroler Gewürztraminer Panicum, Weingut Seppi, Werner Seppi, Kaltern

Die knackige Frische des Palabirnenchutneys wird durch die angenehme, dezent blumige Süße des Gewürztraminers unterstützt. Die gebrannten Mandeln bringen ihren charakteristischen »Crunch« als unerwartetes Element ein. Das Spiel der Konsistenzen ergibt mit der Viskosität des Basilikumöls und der Samtigkeit des Weines eine abenteuerliche Symphonie der Sinne.

Meine Version der Vinschger »Schneemilch«

Die Vinschger »Schneemilch« gehört zur unverzichtbaren Tradition der Süßspeisen in den Familien des oberen Vinschgaus. Ursprünglich wurde dieses Arme-Leute-Essen mit altbackenem Weißbrot hergestellt. Nur in reicheren Familien kamen auch Rosinen, Trockenfrüchte oder Walnusskerne hinzu. Thomas Ortlers Version ist etwas zeitgemäßer und dementsprechend auch etwas luxuriöser.

Für 4 Personen ▲ Zubereitung: 30 Minuten ▲ Kochzeit: 15–20 Minuten ▲ Schwierigkeitsgrad: leicht

Zutaten

4 Scheiben altbackener Hefezopf (oder ein anderes Brioche-Brot)
2 TL Zimtpulver
150 ml Milch
1 Spritzer Rum
1 EL Butter
100 g ungeschälte Haselnusskerne
Salz
2 weiche Kakis
200 ml Frischsahne
Mark von ½ Vanilleschote
50 g Staubzucker

Zubereitung

Den Zopf oder das Brioche-Brot in 1 cm dicke Würfel schneiden und mit dem Zimtpulver vermischen. Eine kleine Handvoll auf die Seite legen. Den Rest in der Milch und dem Rum einweichen, bis die Brotstücke weich, aber nach wie vor in ihrer Form intakt sind. Die übrigen Würfel in heißer Butter goldbraun und knusprig braten.
Die Haselnusskerne in den vorgeheizten Backofen geben und mit einer Prise Salz 15 Minuten bei 180 °C Umluft rösten. Anschließend die abgekühlten Nusskerne grob mit dem Messer zerhacken.
Die Schale der reifen Kakis entfernen und das Fruchtmark pürieren, bis eine dickflüssige Sauce entsteht.
Die Sahne zusammen mit der Vanille und dem Staubzucker nicht zu steif schlagen.

Anrichten

Etwas Fruchtpüree auf den Boden eines Dessertgefäßes geben, den eingeweichten Zopf daraufverteilen und anschließend die geschlagene Sahne großzügig darüberverteilen. Das Dessert mit den gerösteten Haselnusskernen und den Croutons bestreuen.

Weintipp

Melissa Gold, Weingut Zollweghof, Lana

Auf dem Bio-Weingut Zollweghof in Lana keltert Franz Josef Pfeifhofer ganz besondere Weine. Der Melissa Gold etwa wird mit Goldmelisse verfeinert, das Wissen um Bio-Wein wird mit Natur- und Kräuterwissen vereint. »Die Blüten der Goldmelisse unterstreichen die Aromen der Kakifrucht in diesem Dessert, die Kräuternoten im Wein verleihen dem Gericht zusätzliche Tiefe«, freut sich »Flurin«-Serviceleiterin Teresa Junker.

Vom Einfachsten das Beste

ROLAND PRIETH, »DER MOHRENWIRT«

Die Mauern des »Mohrenwirts« atmen Geschichte(n). Seit 1665 machen Reisende im ehemaligen Dorfgasthaus in Burgeis Station. In der 14. Generationen führt die Familie Theiner das heutige Hotel mit viel Leidenschaft und Gastfreundschaft.
Im »Mohrenwirt« vereinen sich Vergangenheit und Gegenwart; Tradition und Moderne ergänzen sich – besonders deutlich auch in der Küche. Großen Wert legen die Gastgeber auf Qualität, Frische und Regionalität. Viele Produkte stammen aus der eigenen Landwirtschaft, dem Mohrenhof, der direkt um die Ecke liegt, oder kommen von Partnerbetrieben rund um Burgeis.
»Manchmal ist es das seit Generationen überlieferte einfache Rezept, das beim Gast kulinarische Sternstunden auslöst, ein anderes Mal darf es verspielt, international und extravagant sein«, freut sich das Küchenteam rund um Küchenchef Roland Prieth (auf dem Bild auf der rechten Seite im Hintergrund, vorne: Rudi Theiner senior).
»Der Küchenchef muss dem Restaurant einen gewissen Charakter geben. Das trifft auch auf die Gerichte zu, denen er treu bleiben muss, damit sich die Gäste verlassen können«, unterstreicht Roland Prieth. Vor allem aber: »Was ich mache, muss ich mit Liebe tun, dann bleibt Kochen eine Leidenschaft. Dabei lasse ich mich vom Alten inspirieren, um Neues zu kreieren – ganz nach dem Motto: vom Einfachsten das Beste!«

ROLAND PRIETH
geboren 1968 in Schlanders, ist mit acht Geschwistern auf einem Bauernhof in Kortsch aufgewachsen. Nach der Ausbildung an der Landesberufsschule für das Gastgewerbe in Brixen arbeitete er in verschiedenen Hotels und Restaurants in Südtirol, 1990 erstmals als Küchenchef im Sporthotel »Prokulus Naturns«. 1995 machte Roland Prieth die Ausbildung zum Diplomierten Gastronomen. Seit 2018 ist er als Küchenchef im Hotel-Restaurant »Der Mohrenwirt« in Burgeis tätig.
Lieblingsgericht: Brennsuppe mit Almkäse und Paarlbrot

Tatar vom einheimischen Hirschkalb mit Kürbisgemüse, Quittendressing und Walnusskernen

Ein etwas anderes Tatar tischt Küchenchef Roland Prieth im »Mohrenwirt« in Burgeis auf: Einheimisches Hirschkalb kombiniert er mit leicht süß angehauchtem Kürbisgemüse, mit dezent bitterem Quittendressing und mit krokant-knackigen Walnusskernen.

Für 4 Personen ▲ Zubereitung: 40–50 Minuten ▲ Kochzeit: 30 Minuten ▲ Ruhezeit: 12 Stunden
Schwierigkeitsgrad: leicht

Zutaten

Für das Hirschkalbtatar
320 g Hirschrückenfilet
3 kleine Schalotten, fein gehackt
1 Zehe Knoblauch, fein gehackt
6 Kapern, gehackt
2 Sardellenfilets, gehackt
30 g Petersilienblätter, gehackt
1 TL Senf
etwas Paprikapulver
schwarzer Pfeffer, frisch gemahlen
ein paar Tropfen Worcestersauce
3 Wacholderbeeren, fein gehackt
1 scharfe Chilischote, fein gehackt
1 EL Cognac
1 Spritzer Gin
40 g pasteurisiertes Eigelb
1 TL fein geriebener Meerrettich

Für das Kürbisgemüse
1 Kürbis (ca. 400 g)
etwas frischen Thymian
1 EL Honig
1 Orange
Salz und Pfeffer
Olivenöl extra vergine
Muskatnuss

Für das Quittendressing
1 Quitte
Salz
Pfeffer
Apfelessig
Senföl

Für die Garnitur
einige Walnusskerne
Wildkräuter

Zubereitung

Tatar

Das sauber geputzte Hirschrückenfilet 12 Stunden einfrieren und anschließend fein hacken. Mit den restlichen Zutaten gut verrühren und zugedeckt kalt stellen.

Kürbisgemüse

Den Kürbis schälen, in dünne Scheiben schneiden, daraus kleine Kreise ausstechen und diese in Salzwasser kurz blanchieren. Den Kürbis mit Thymian, dem Honig, etwas Orangenabrieb, Salz, Pfeffer, Olivenöl und geriebener Muskatnuss würzen und in einer Pfanne kurz durchschwenken.

Quittendressing

Die Quitte schälen und in kleine Würfel schneiden. Diese dann kurz in sprudelnd kochendem Wasser mit Salz und Pfeffer, einem Spritzer Apfelessig und einem Tropfen Senföl blanchieren. Abseihen und zur Seite stellen.
Die Walnusskerne in einer beschichteten Pfanne toasten und bereitstellen.

Anrichten

Das Kürbisgemüse auf einem Teller anrichten, mit dem Quittendressing marinieren, das Hirschtatar darauf platzieren und mit Walnusskernen und Wildkräutern garnieren.

Weintipp

Südtiroler Cuvée weiß, Aichberg, Weingut Kornell, Florin Brigl, Siebeneich

Das Weingut Kornell überrascht mit seiner Weißweincuvée Aichberg (60 % Weißburgunder, 30 % Chardonnay, 10 % Sauvignon). »Ein komplexer, harmonischer Wein mit verspielten Aromen von Banane und Ananas, Tabak, weißem Pfeffer und Rosmarin, mit eleganter Struktur, tiefgründig und geschmeidig mit saftiger Fülle und lebendig-mineralischem Abgang«, schwärmt Sommelier Christian Kuppelwieser.

Lauwarm geräuchertes Bachsaiblingfilet auf Fichtensprossen-Risottino mit Schüttelbrot-Kohle-Grammel und Apfelgelee

Ein Saibling aus dem nahen Bach, frische Fichtensprossen aus dem Wald, ein Schüttelbrot und ein paar Äpfel – wohl kaum jemand hätte sich einst vorstellen können, was Küchenchef Roland Prieth heute mit diesen einfachen Produkten zubereitet und auf den Tisch zaubert.

Für 4 Personen ▲ Zubereitung: 60–80 Minuten ▲ Kochzeit: 30–40 Minuten ▲ Gefrierzeit: 6–8 Stunden
Schwierigkeitsgrad: mittel

Zutaten

Für die geräucherten Bachsaiblingfilets
Räuchermehl
frische Fichtensprossen
Wacholderbeeren
4 Bachsaibling-Filets zu 80 g, geputzt und entgrätet
Olivenöl extra vergine
1 unbehandelte Zitrone
Salz und Pfeffer

Für die Fichtensprossenbutter
½ kg Butter
75 g frische, klein gehackte Fichtensprossen
60 g glatte, blanchierte und klein gehackte Petersilienblätter
20 g fein geschnittener Lauch
20 g geröstete Pinienkerne
Salz und weißer Pfeffer

Für das Fichtensprossen-Risottino
4 Schalotten, in kleine Würfel geschnitten
1 Zehe Knoblauch, zerdrückt
etwas Butter
Rapsöl
200 g Risotto-Reis (Vialone nano)
⅛ l trockener Weißwein (Südtiroler Weißburgunder)
Salz
1 l Gemüsefond
Parmesankäse, gerieben

Zubereitung

Geräucherte Bachsaiblingfilets
Räuchermehl, Fichtensprossen und Wachholderbeeren mischen, in einen Topf geben, mit dem Bunsenbrenner zum Glühen bringen, zudecken und auf kleiner Stufe erwärmen.
Die Bachsaiblingfilets in Olivenöl auf der Hautseite leicht anbraten, mit Salz , Pfeffer und etwas Zitronenabrieb nach Geschmack würzen, auf einem Gittereinsatz in den Räuchertopf legen und zugedeckt bei leichter Temperatur 6–8 Minuten leicht räuchern.

Fichtensprossenbutter
Alle Zutaten zusammen gut vermischen, in einen Pacojet-Becher geben, für einige Stunden einfrieren und dann pacossieren (tiefgefrorene Lebensmittel werden dabei ohne Auftauen mikropüriert).

Fichtensprossen-Risottino
Die Schalottenwürfel und die Knoblauchzehe in Butter und Rapsöl anschwitzen und zur Seite stellen. Den Reis in einen Topf geben und so lange erwärmen, bis sich die Stärke auf dem Topfboden sichtbar absetzt. Mit dem Weißwein ablöschen, die angeschwitzten Schalotten dazugeben, mit Salz leicht würzen und nach und nach, unter ständigem Rühren, mit Gemüsefond aufgießen. Mit Parmesankäse und Fichtensprossenbutter abschmecken.

Apfelgelee
Den Apfelsaft und das Agar-Agar kurz aufkochen, dann auf ein Blech gießen und für einige Stunden kalt stellen. Anschließend in einer Schüssel ausrühren und in einen Dressiersack füllen.

Schüttelbrot-Kohle-Grammel
Das Schüttelbrot fein zerstoßen. Den Zucker in einer Pfanne leicht karamellisieren, die geklärte Butter dazugeben. Das Schüttelbrot und das Kohlepulver beimengen und zusammen kurz anrösten.

Für das Apfelgelee
500 g frisch gepresster Apfelsaft
4,5 g Agar-Agar

Für die Schüttelbrot-Kohle-Grammel
1 Südtiroler Schüttelbrot
35 g Zucker
50 g Butter
Kohlepulver

Anrichten

Das Risotto auf einem Teller anrichten, mit etwas Schüttelbrot-Kohle-Grammel bestreuen, das Bachsaiblingfilet daraufplatzieren und mit Apfelgelee außen punktieren.

Weintipp

Vinschgau Weißburgunder, Josmoar-Hof, Galsaun/Kastelbell

Der Weißburgunder von Sebastian und Helmuth Tonner vom Josmoar-Hof in Galsaun überrascht mit seinem dezenten, frischen Duft nach Golden-Delicious-Äpfeln, weißen Blüten und leichten Zitrusnoten. Am Gaumen ist der Wein anregend saftig, fruchtig und mineralisch frisch mit lebhafter Fruchtsäure und elegantem Abgang.

Zweierlei vom Vinschger Berglamm, Kohlrabigemüse, Kartoffel-Blüten-Gnocchi und Haselnusspesto

Lammfleisch, Kartoffeln, Kohlrabi und Nüsse – lauter Produkte, die auf jedem Bauernhof leicht aufzutreiben waren. Kartoffeln und Kohlrabi kamen den ganzen Winter über auf den Tisch. Ein Stück Lammfleisch – einst das Fleisch der Armen – bereicherte zu besonderen Anlässen die derbe Hausmannskost. Küchenchef Roland Prieth komponiert daraus ein verführerisch schmackhaftes Gericht.

Für 4 Personen ▲ Zubereitung: 90 Minuten ▲ Kochzeit: 90 Minuten ▲ Schwierigkeitsgrad: mittel

Zutaten

Für das Berglamm
320 g Lammkarree, pariert
4 kleine Lammhüften zu je 80 g, pariert
Olivenöl extra vergine
Butter
Salz und Pfeffer
Senf
3 Zweige Thymian
3 Zehen Knoblauch, in Scheiben geschnitten

Für das Kohlrabigemüse
2–3 mittelgroße Kohlrabi
Salz
etwas Butter
Pfeffer
Kümmelpulver
1 Schuss Noilly Prat (oder trockener Wermut)
1 Zweig Thymian
1 Zitrone
25 ml Sahne
1 Prise Xantana (Verdickungs- und Geliermittel)

Für die Kartoffel-Blüten-Gnocchi
500 g Kartoffeln, mehlig, gekocht, gepellt und ausgekühlt
1 Eigelb
100 g Weizenmehl (Typ 00)
100 g Parmesankäse, gerieben
Muskatnuss, gerieben
gemischte, getrocknete Bergblüten

Zubereitung

Berglamm

Das Lammkarree und die Lammhüften rundum im Olivenöl-Butter-Gemisch anbraten, mit Salz und Pfeffer würzen und mit Senf bestreichen. Mit dem Thymian und dem Knoblauch belegen und im Ofen bei 87 °C Umluft bei einer Kerntemperatur von 56–58 °C garen lassen.

Kohlrabigemüse

Die Kohlrabi schälen, in 1 cm dicke Scheiben schneiden, innen rund ausstechen und in Salzwasser blanchieren. Kalt abschrecken und in Butter mit Salz und Pfeffer und etwas Kümmelpulver leicht anbraten. Die Abschnitte vom Kohlrabi in einen kleinen Topf geben, kurz anrösten, mit etwas Noilly Prat ablöschen, den Thymian und etwas Zitronenschale beigeben, mit der Sahne angießen und zugedeckt weich kochen. Den Thymian und die Zitronenschale nach dem Kochen entfernen, das Ganze mixen und durch ein Haarsieb passieren. Mit etwas Xantana leicht abbinden und in einen Dressiersack geben.

Kartoffel-Blüten-Gnocchi

Die gekochten Kartoffeln pressen, mit den restlichen Zutaten vermengen und zu einem glatten Teig kneten. Den Teig 1 cm dick ausrollen und zu kleinen Dreiecken zurechtschneiden. Diese in Salzwasser kochen, dann in einer warmen Pfanne in etwas Butter schwenken.

Haselnusspesto

Die Haselnusskerne in reichlich Rapsöl goldgelb rösten. Das Öl abgießen, auffangen und zur Seite stellen. Die Nusskerne grob hacken. Den Knoblauch, Petersilie, Majoran, Kümmelpulver und Minze, Zitronen- und Orangenschalen fein hacken und mit den Nusskernstückchen vermengen. Mit etwas Lammjus und dem Haselnussöl sowie Salz und Pfeffer ausrühren.

Für das Haselnusspesto
100 g Haselnüsse, geschält
Rapsöl
1 Zehe Knoblauch
Petersilie
Majoran
Kümmelpulver
Minze
Zitronenschale
Orangenschale

Anrichten

Auf einem Teller die gebratenen Kohlrabistücke platzieren, die geschnittene Lammhüfte und das Lammkarree daraufsetzen, mit dem Kohlrabipürree punktieren und die Gnocchi dazugeben. Mit dem Haselnusspesto überziehen.

Weintipp

Südtiroler Merlot Riserva Vigna Kressfeld, Weingut Kornell, Florin Brigl, Siebeneich

»Exklusivität, Komplexität und Authentizität« kennzeichnen für Sommelier Christian Kuppelwieser den Merlot Riserva Kressfeld vom Weingut Kornell – wie geschaffen für dieses feine Lammgericht. »Der Wein überzeugt mit einem breiten Aromenspiel von reifen Früchten, Bitterschokolade und Süßholz in der Nase, mit komplexer Struktur, samtig-saftigen Gerbstoffen sowie langem Abgang am Gaumen.«

Tägliches Gemecker auf David's Goashof

ZU BESUCH BEI DAVID PERATHONER

An die 100 Bunte Deutsche Edelziegen und zwei Böcke leben und meckern auf David's Goashof in Lajen. Der geräumige Laufstall bietet Tag und Nacht Auslauf. Bestes Futter aus Heu, Almheu und einer Getreidemischung bilden die Basis einer qualitativ hochwertigen Milch. Diese wird täglich zu Frischmilch, Joghurt, Trinkjoghurt, Frisch- und Schnittkäse sowie zu Desserts wie Panna cotta und Pudding verarbeitet.

David Perathoner empfand irgendwann einmal das Bedürfnis, sein Leben radikal umzustellen und in eine neue Welt einzutauchen. Raus aus dem Büro, rein in den Ziegenstall. »Ich wollte endlich meiner Leidenschaft nachgehen und eine ökologische Ziegenfarm verwirklichen.« Nachdem er sich in ganz Europa umgeschaut und informiert hatte, kaufte er von einem Bio-Betrieb im Allgäu seine ersten 75 behornten Jungziegen. Im Februar 2012 kam mit dem ersten Kitz auch die lang ersehnte Milch und so konnte David die ersten Bio-Milchflaschen und Bio-Joghurt in verschiedenen Geschmacksrichtungen auf den Markt bringen.

»Schon seit Urzeiten ist die Ziege ein empfindsames, kluges und leistungsfähiges Nutztier an der Seite des Menschen«, freut sich David Perathoner.

» Ziegen sind sehr aufmerksame Tiere und haben einen liebevollen, lebendigen Charakter. Die Edelziege gibt zudem eine sehr hochwertige und bekömmliche Milch. Die elegante und sehr widerstandsfähige Rasse eignet sich perfekt für unseren sonnenverwöhnten Hof in Tanirz am Eingang des Grödnertales auf 1.250 Metern Meereshöhe.«

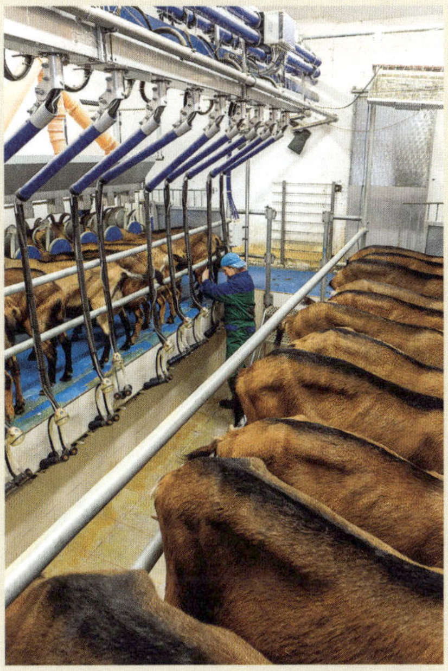

Tradition, Natur und moderne Leichtigkeit

FRANZ MULSER, »GOSTNER SCHWAIGE«

1.930 Meter hoch liegt die »Gostner Schwaige«, inmitten der zauberhaften Landschaft der Seiser Alm, der größten Hochalm Europas. Gerade mal zweieinhalb Quadratmeter groß ist die kleine Küche, in der Franz Mulser seine originellen Gerichte zaubert, ganz nach dem Motto: »frisch & natürlich«. Kräuter und Blumen aus dem eigenen Garten stehen in der Küche im Mittelpunkt und verfeinern die hervorragenden Produkte aus der nahen Umgebung geschmacklich und ästhetisch.
Die Gostner Heublütensuppe mit Bergkräutern ist ebenso ein Gedicht wie der Almsalat mit Kräutern, Blüten und Preiselbeerpesto. Brennnessel- und Kasknödel werden klassisch mit flüssiger Butter serviert. Die Schulter vom Almochsen schmort in einer Lagreinsauce und wird mit Püree von Wurzelgemüse aufgetischt, der einheimische Hirsch auf aromatischen Kloatznschlutzern.
Franz Mulser konstatiert: »Meine Küche ist regional geprägt, traditionell und zugleich von Neugier angehaucht. Blumensalat – da haben manche schon den Kopf geschüttelt. Vor dem Essen. Danach waren sie begeistert.«

FRANZ MULSER
Jahrgang 1979, hat bei den Salzburger Kochbrüdern Obauer sowie im »Ca's Puers« in Soller auf Mallorca gelernt, er hat auch im Team von Hans Haas im Münchner »Tantris« mitgearbeitet. Mit viel Sinn für Qualität, Innovation und Tradition kocht er seit Ende der 1990er-Jahre in seiner kleinen, idyllischen Almhütte auf der Seiser Alm.
Lieblingsgericht: Spaghetti Carbonara

Gostner
Schwaige

Schweinebacken, bei niedriger Temperatur gegart

Schweinebacke, ein Teilstück aus dem Kopf des Schweins, ist von den Speisekarten der modernen Küche nahezu verschwunden. Eine große Rolle spielen Schweinebacken als Guanciale in einigen klassischen italienischen Pastagerichten: Bei Carbonara oder Amatriciana etwa dürfen sie auf keinen Fall fehlen. Franz Mulser lässt seinen Schweinebacken viel Zeit zum Garen und serviert sie leicht angegrillt mit grünen Bohnen und frischem Feldsalat.

Für 4 Personen ▲ Zubereitung: 20 Minuten ▲ Kochzeit: 10–20 Minuten ▲ Garzeit: 24 Stunden
Schwierigkeitsgrad: leicht

Zutaten

1 Schweinebacke, geputzt à 600 g
300 ml Kalbsfond
1 Prise grobes Meersalz
10 weiße Pfefferkörner
1 Lorbeerblatt
Kümmelpulver
Zitronenzeste

Für die Gremolata
etwas frische Petersilie, fein gehackt
1 Zehe Knoblauch, fein gehackt
1 unbehandelte Zitrone
30 g Butter

Für die Garnitur
1 Schalotte, halbiert
1 Zehe Knoblauch, angedrückt

Zubereitung

Von der Schweinbacke die Schwarte ablösen und Letztere in kleine Stücke schneiden, mit dem Kalbsfond und den Gewürzen aufkochen. Den Fond abkühlen lassen, mit der Schweinebacke in einem wärmebeständigen Beutel vakuumieren und bei 65° C 24 Stunden garen (am besten sous vide).
Nach dem Garen die Backe mit einem Gewicht beschweren, damit sie gerade bleibt und gut durchkühlen lassen. Die abgekühlte Backe in größere Würfel schneiden und kurz vor dem Servieren von allen Seiten angrillen.

Anrichten
Zum Schluss etwas Gremolata (Petersilie, Knoblauch und etwas unbehandelte Zitronenschale, fein gehackt) in lauwarmer Butter anrühren und über die gegrillten Würfel geben.
Dazu passen gekochte grüne Bohnen, mit Bohnenkraut in Butter geschwenkt, ein leichtes Birnenkompott und etwas Feldsalat, mit Apfelbalsamico mariniert.

Weintipp

Südtiroler Blauburgunder Praesulis, Weingut Gumphof, Markus Prackwieser, Völs am Schlern
Markus Prackwieser drückt seinem Blauburgunder einen unverkennbaren Terroir-Stempel auf. Burgundische Eleganz trifft hier auf Südtiroler Frische. Reife rote Früchte, leichte Holznoten und aromatische Würze prägen das Bukett. Am Gaumen erweist sich der Wein hervorragend strukturiert, mit samtigen Gerbstoffen und einzigartiger Frische.

Germknödel

Germknödel – Germ steht für Hefe – sind in der altösterreichischen Küche beliebt und verbreitet. Die süße Mehlspeise aus Hefeteig wird in der klassischen Wiener Zubereitungsart mit zerlassener Butter übergossen. Franz Mulser serviert sie auf seiner Alm zudem mit Vanillecreme und Früchtekompott.

Für 4 Personen (ergibt etwa 8 Knödel) ▲ Zubereitung: 40–50 Minuten ▲ Ruhezeit: 3 Stunden
Kochzeit: 40–50 Minuten ▲ Schwierigkeitsgrad: mittel

Zutaten

Für den Teig
80 g Zucker
½ kg Weizenmehl (Typ 0)
1 Germwürfel (Hefewürfel)
2 Eier
2 Eigelb
½ l lauwarme Milch
1 Prise feines Salz
120 g flüssige Butter
200 g Marmelade zum Füllen (Marille-, Johannisbeeren-, Apfel- ...)

Für den Topf
150 ml Milch
20 g Butter
20 g Zucker
1 Msp. Vanillemark
150 g flüssige Butter
Für den Topf

Zubereitung

Teig
1 EL Zucker, 5 EL Mehl und die Hefe gut zu einem Dampfl verrühren und 25 Minuten an einem warmen Ort gehen lassen.
Das restliche Mehl, den Zucker, die Eier und das Eigelb, die Butter, die Milch das Salz und das Dampfl zu einem glatten Teig verkneten (am besten in der Küchenmaschine), bis er Blasen wirft. Den Teig in einer Schüssel mit Frischhaltefolie bedecken und etwa 1,5 bis 2 Stunden gehen lassen, bis er das doppelte Volumen erreicht. Auf die Folie klopfen, damit er wieder zusammenfällt und den Teig gleich nochmals aufgehen lassen.

Topf
Die Milch, die Butter, den Zucker und das Vanillemark einmal aufkochen und abkühlen lassen. Den Ofen auf 160 °C Umluft aufheizen.
Den Teig fingerdick ausrollen und in 3 mal 3 cm große Stücke schneiden. Jedes Viereck mit einem Teelöffel Marmelade füllen, dieses dann über der Füllung zusammendrücken, in die flüssige Butter tauchen und mit der Verschlussseite nach unten dicht nebeneinander in den Topf setzen. Einen Deckel daraufgeben (sollte gut schließen) und im Ofen 30 Minuten mit geschlossenem Deckel garen.

Anrichten
Die fertigen Germknödel mit der überschüssigen Milch vom Topf und der braunen Butter beträufeln. Nach Geschmack mit Vanillecreme und eventuell zur Füllung passendem Früchtekompott servieren.

Weintipp

Südtiroler Sekt Comitissa Pas Dosè Riserva, Sektkellerei Lorenz Martini, Girlan

Mit seiner feinen und anhaltenden Perlage, seiner feinen Schaumkrone und seiner leuchtend strohgelben Farbe zeugt der dezent fruchtige Sekt von Rasse, Eleganz und Fülle. Der Duft nach frischer Brotkruste, Honigwaben, Bananen und Zitrusfrüchten unterstreicht seinen rassigen, körperreichen und harmonischen Charakter.

Kaiserschmarrn mit Fichtenhonig und Bergblüten

Gut, dass es Butter, Eier und Mehl das ganze Jahr über gibt: für den Kaiserschmarrn. Auf der »Gostner Schwaige« ist er die »Almglücksmahlzeit« schlechthin. Franz Mulser serviert seinen Kaiserschmarrn mit Fichtenhonig und Bergblüten in der gusseisernen Pfanne.

Für 4 Personen ▲ Zubereitung: 30 Minuten ▲ Backzeit: 5–6 Minuten ▲ Schwierigkeitsgrad: mittel

Zutaten

150 ml Milch
150 g Weizenmehl (Typ 405)
1 Prise Salz
6 Eier
Sonnenblumenöl zum Backen
1 süßer Apfel
40 g Sultaninen
1 EL Rum
1 EL Honig
2 EL Staubzucker
40 g Butter
1 EL Zucker

1 Handvoll getrocknete Blüten von unbehandelten Blumen und Kräutern

Zubereitung

Die Milch und das Mehl mit dem Salz zu einem glatten Teig verkneten. Die Eier vorsichtig unterheben (nicht einschlagen, sonst wird der Kaiserschmarren nicht locker). Eine Eisenpfanne auf dem Herd mit einigen Tropfen Sonnenblumenöl stark erhitzen und den Kaiserschmarrnteig ½ cm hoch eingießen.
Den Apfel schälen, entkernen und in kleine Würfel schneiden.
Die Apfelstückchen sowie die Sultaninen mit dem Rum und etwas Honig kurz marinieren. Dann die Sultaninen und die Apfelwürfel auf dem noch flüssigen Teig verteilen und den Teig in der Pfanne schön backen lassen. Nach etwa 1–2 Minuten vorsichtig drehen und auf der anderen Seite backen. Sobald der Teig schön fest ist (darauf achten, dass er nicht anbrennt), wird er mit zwei Gabeln in Stücke gerissen. Mit dem Staubzucker bestreuen, etwas Butter dazugeben und kurz schwenken, sodass der Zucker karamellisiert.

Anrichten

Mit den getrockneten Blüten garnieren und mit Preiselbeermarmelade, Apfelmus oder einem Kompott aus Äpfeln, Birnen oder Quitten genießen.

Weintipp

Südtiroler Goldmuskateller, Kellerei Tramin

Der Goldmuskateller der Kellerei Tramin überzeugt mit Süße und Aromatik. Im Glas glänzt der Dessertwein stroh- bis goldgelb und schmeichelt der Nase mit Aromen von Honigmelone, zarten Nelken- und Rosentönen und mit seiner charakteristischen Muskatnote. Am Gaumen ist der Wein von lieblich-würziger, weicher und runder Textur geprägt.

1930 m

ZU BESUCH BEI MANUEL UND CHRISTIAN SCHWARZ

2014 haben die Brüder Manuel und Christian Schwarz auf 1.140 Metern im Dorfzentrum von Mölten – in unmittelbarer Nachbarschaft von Europas höchstgelegener Sektkellerei Arunda des Sektpioniers Josef Reiterer – ihre Schwarz-Brennerei gegründet.

Die Leidenschaft der beiden Brüder brennt im wahrsten Sinn des Wortes: »Für uns wird das Destillieren jährlich zum Ritual. Durch die Handwerkskunst des Destillierens bringen wir die Aromenvielfalt sonnengereifter Früchte von der Schale bis zum Kern in die Flasche und reduzieren sie auf das Elementarste.«

Manuel und Christian verarbeiten ausschließlich frische Früchte aus der Region und begleiten diese auf ihrem Weg vom Baum bis in die Flasche. Nach der Ernte werden die Früchte mit natürlichen Reinzuchthefen vergoren. In abklingender Gärung wird die Maische aromaschonend im Rau- und Feinbrandverfahren destilliert. »Die doppelte Destillation ermöglicht es uns, unseren eigenen Charakter ins Produkt zu bringen. Das ergibt vollmundige, fruchtige und runde Destillate und einzigartige Grappas mit Charakter und Wiedererkennungswert«, freut sich das Schwarz-Brenner-Brüderpaar. Nach dem Brennen lagern die beiden die Grappas und Brände in Stahlbehältern bis zu zwei Jahre lang. »So erhalten die edlen Tropfen ihre Finesse und Harmonie.«

Zu Hause kochen

MANUEL MORO

Manuel Moro, 1978 in Meran geboren, wuchs mit Parmigiano reggiano, hausgemachter Pasta, Polenta, Sopressa und Prosecco auf – den Wurzeln der verschiedenen Küchentraditionen seiner Eltern und Großeltern, die aus Valdobbiadene, dem Trentino und der Emilia Romagna stammen.
Nach dem Abschluss in Elektrotechnik in Bologna und der Diplomarbeit in Deutschland arbeitet Manuel Moro seit mehr als fünfzehn Jahren auf dem Gebiet der erneuerbaren Energien. Seit einigen Jahren lebt er mit seiner Frau und den beiden Kindern in Kastelbell im Vinschgau.
Neben den Hobbys Skifahren, Schwimmen und Radfahren betreibt er »sportliche Aktivitäten« im eigenen Gemüsegarten und auf den Feldern. »Die selbst angebauten und geernteten Produkte ermöglichen es mir, mich um meine andere Leidenschaft zu kümmern: das Kochen. Die Arbeit in der Natur ist oft mühsam und schweißtreibend. Wenn ich dann aber die eigenen Produkte ernte, in der Küche verarbeite und sehe, wie meine Kreationen in Verbindung mit einem guten Glas Wein meiner Familie und meinen Freunden schmecken, dann ist das für mich eines der authentischsten und lohnendsten Vergnügen.«

MANUEL MORO

Für Manuel Moro ist es ein Privileg, »in dieser besonderen Ecke des Paradieses zu leben«. Er vermisst hier nur das Meer. Aber: »Wenn Sie auf die höchsten Gipfel unserer herrlichen Berge steigen und genau nach Südosten schauen, können Sie manchmal sogar das Meer sehen.«
Lieblingsgericht: Pasta e fagioli (Bohnensuppe mit Nudeln)

Bucatini alla »Sudtirolese«

Eine Südtiroler Variante der berühmten Bucatini all'Amatriciana tischt Manuel Moro seiner Familie und seinen Freunden auf. Südtiroler Speck ersetzt die Schweinebacken, hinzu kommen Schafskäse von Südtiroler Almen und Tomaten aus dem eigenen Garten.

Für 4 Personen ▲ Zubereitung: 10 Minuten ▲ Kochzeit: 20 Minuten ▲ Schwierigkeitsgrad: leicht

Zutaten

70 g Südtiroler Bauernspeck
1 Zwiebel
30 g Butter
500 g Tomatensauce, hausgemacht
Salz
Peperoncino
500 g Bucatini (oder eine andere ähnliche Pastasorte)
Pfeffer
50 g Schafskäse mittlerer Reife

Zubereitung

In einer großen Pfanne 2–3 Liter Wasser zum Kochen bringen. In der Zwischenzeit den Speck in 3–4 mm dicke Scheiben und diese dann in dünne Streifen schneiden.
Die abgezogene Zwiebel in dünne Streifen schneiden. Die Butter in einer Pfanne erhitzen und darin die Zwiebel goldgelb rösten. Die Speckstreifen hinzufügen und nach einigen Minuten die Tomatensauce aufgießen, salzen und nach Geschmack mit Peperoncino würzen. Das Ganze 1 Minuten köcheln lassen und dann mit einem Deckel abdecken.
Das kochende Wasser salzen, die Bucatini einwerfen und al dente (siehe Angabe auf der Packung) kochen. Die Nudeln abseihen und in die Pfanne mit dem Sugo geben. Gut vermischen, mit etwas Pfeffer würzen.

Anrichten

Mit geriebenem Schafskäse bestreuen und heiß servieren.

Tipps

Wer die Nudeln selbst herstellen will, sollte sie bereits am Tag vorher zubereiten aus einem Teig von 400 g Hartweizengrieß und 200 ml Wasser. Die Nudeln trocknen so über Nacht leicht an und halten dann beim Kochen besser.
Genug Sauce zubereiten, denn es gibt nichts Besseres, als zum Abschluss des Essens die Reste mit einem Stück Weißbrot aufzusaugen, die sogenannte »Scarpetta«.
Das Gericht schmeckt am besten in geselliger Runde mit einem guten Glas Wein und einem frischen Krautsalat.

Weintipp

Südtiroler Vernatsch Kollerhof, Weingut Kollerhof, Neumarkt-Mazon

1966 kaufte die Familie Visentin den Kollerhof in Mazzon bei Neumarkt, rodete die veralteten Anlagen und setzte neue Reben, vor allem Blauburgunder. Seit 2012 baut Herbert Visentin seine Weine auch selbst aus. Der Vernatsch ist ein typischer Vertreter seiner Familie: einladend fruchtig, leicht und bekömmlich.

Kastanien-Mezzelune auf Sahnecreme mit Steinpilzen

Kastanien und Steinpilze – der Reichtum der Südtiroler Wälder verschmilzt in diesem Gericht Manuel Moros mit einzigartigen Aromen und schafft einen Moment des Wohlbefindens für Körper und Geist.

Für 4 Personen ▲ Zubereitung: 90 Minuten ▲ Kochzeit: 50–60 Minuten ▲ Schwierigkeitsgrad: mittel

Zutaten

Für die Füllung
200 g Esskastanien
125 ml Milch
100 g Topfen (Quark)
Salz
Pfeffer
Muskatnuss

Für den Teig
80 g Roggenmehl
80 g Dinkelmehl
1 Ei

Für die Garnitur
25 g getrocknete Steinpilze
25 g Butter
200 ml Sahne
Salz

Zubereitung

Füllung

Die Kastanien auf der Bauchseite mit einem Messer einritzen und in einem Topf mit Wasser 40 Minuten kochen, danach schälen und abkühlen lassen. Die Kastanien – 4 ganze zum Garnieren behalten – hacken und mit der Milch und dem Topfen zu einer homogenen Masse vermischen. Mit Salz, Pfeffer und Muskat würzen. Die Füllung im Kühlschrank etwas ruhen lassen.

Teig

Die beiden Mehle mischen und mit dem Ei und 40 ml Wasser zu einem homogenen Teig kneten. Diesen mit einer Klarsichtfolie einwickeln und 30 Minuten im Kühlschrank ruhen lassen.
Die getrockneten Steinpilze 30 Minuten in lauwarmes Wasser legen. Den Teig mit der Nudelmaschine zu dünnen Teigblättern austreiben und auf einer bemehlten Fläche aus diesen 6–7 cm große Kreise ausstechen. Auf den Kreisen mit einem Teelöffel kleine Portionen der Füllung platzieren und sie dann zu Halbmonden (Mezzelune) falten. Die Ränder dabei gut andrücken. Teig und Füllung müssten für etwa 60 Mezzelune reichen.

Pilzcreme

Die eingeweichten Steinpilze abtropfen lassen und in Streifen schneiden. In einer Pfanne die Butter schmelzen und dann die Sahne und die Pilze hinzufügen. 10–15 Minuten köcheln, bis die Sahne dickflüssig wird. Salzen.

Mezzelune

In einer anderen Pfanne 2 l Wasser zum Kochen bringen, salzen und die Mezzelune darin 4–5 Minuten kochen.

Anrichten

Die abgetropften Mezzelune zur Pilzcreme geben und vorsichtig mischen. Die Teller mit je einer Kastanie garnieren. Sofort servieren.

Weintipp

Südtiroler Blauburgunder Riserva Monticol, Kellerei Terlan

Der Blauburgunder aus Terlan präsentiert sich mit facettenreichem Bukett von Fruchtaromen und Noten von Tabak, Feuerstein sowie tertiären Waldtönen. Betont mineralisch und gut balanciert, umspielt der Blauburgunder den Gaumen und überzeugt mit langem, elegantem Abgang.

ANNI KOFLER-WERTH

Anni Kofler-Werth, Jahrgang 1959, ist in einem typischen Eppaner Gasthaus, dem »Boarischen Hof«, aufgewachsen – »zwischen Kochtöpfen und Gästen«, wie sie sich erinnert. Von Kindesbeinen an hat sie im elterlichen Betrieb mitgeholfen, überall dort, wo gerade Hilfe gebraucht wurde. »Schnitzlen zu panieren und Kartoffeln zu schälen, das gehörte bei uns zum Alltag.« Nach dem Besuch der Handelsschule stieg Anni Kofler ganz in den Familienbetrieb ein und arbeitete dort bis 1990 »abwechselnd eine Woche in der Küche und eine Woche im Service«. Bei der Mutter, einer ausgezeichneten Köchin, hat sie die Grundlagen des Kochens erlernt. Eine traditionelle Südtiroler Küche stand auf dem Speiseplan. Der Vater war für Speck, Hauswürste und das Gselchte verantwortlich. »Dafür war unser Gasthaus bekannt und bei den Gästen geschätzt.«

ANNI KOFLER-WERTH

1989 heiratete Anni Kofler ihren Christian Werth, den Kellermeister der Klosterkellerei Muri-Gries, und wechselte von der Gasthaus- in die Familienküche. Die Freude und der Spaß am Kochen sind ihr geblieben. Mann und Kinder sind Feinschmecker und entsprechend verwöhnt. Sie fordern die Kochkünste der Mama immer wieder aufs Neue heraus. Die Küche wird gelobt und das macht Mut zu Experimenten. Das Gelernte wird der Zeit entsprechend neu und innovativ angepasst. Freunde werden eingeladen und Anni Kofler-Werth kocht mit viel Liebe und dem nötigen Gespür. Christian Werth sorgt für die passenden Weinbegleitungen und für den selbst geselchten Speck, der immer griffbereit im Keller hängt.

Lieblingsgericht: Fisch in allen Variationen

Polentaknödel auf Rahmspinat

Knödel kamen in manchen Gegenden Südtirols einst mehrmals in der Woche auf den Tisch. Polenta in verschiedenen Varianten standen vor allem im Unterland und Überetsch ebenfalls regelmäßig auf dem Speiseplan. Anni Kofler-Werth verbindet die beiden traditionellen Klassiker zu einem leichten, lockeren und schmackhaften Ganzen: zu Polentaknödel, die sie auf einem feinen Gemüsebeet serviert.

Für 4 Personen ▲ Zubereitung: 30–40 Minuten ▲ Kochzeit: 20 Minuten ▲ Schwierigkeitsgrad: mittel

Zutaten

Für die Polentaknödel
250 ml Milch
250 ml Sahne
Salz
150 g mittleres Polentamehl (Maisgrieß)
150 g Toastbrot ohne Rinde
3–4 EL Olivenöl extra vergine
3 Eiweiß
1 Ei
1 Handvoll geriebener Parmesankäse

Für den Rahmspinat
600 g Blattspinat
1 mittlere Zwiebel
Petersilie
20 g Butter
Salz
Pfeffer
Muskatnuss, gerieben
1 Zehe Knoblauch
150 ml Sahne
Parmesankäse, gerieben

Zubereitung

Polentaknödel

Die Milch und die Sahne salzen und aufkochen lassen, das Polentamehl einrühren und unter ständigem Rühren 5 Minuten kochen lassen, dann im geschlossenen Topf abkühlen lassen.
Das Toastbrot in ganz kleine Würfel schneiden, Olivenöl in einer Pfanne erhitzen (nicht zu heiß werden lassen) und die Brotwürfel darin schwenken, aber nicht braun werden lassen.
Das Eiweiß, das ganze Ei und den Parmesan zu der lauwarmen Polenta geben und gut untermischen. Kleine Knödel mit etwa 3 cm Durchmesser formen und diese im Salzwasser 5–6 Minuten kochen.

Rahmspinat

In einem Topf Salzwasser zum Kochen bringen. Den Blattspinat waschen und im Salzwasser blanchieren, dann durch ein Sieb abgießen, abkühlen lassen und ausdrücken.
Die Zwiebel und etwas Petersilie fein hacken und in der Butter hell anrösten. Den Spinat fein passieren und dazugeben. Mit Salz, Pfeffer, geriebener Muskatnuss und der fein gehackten Knoblauchzehe würzen. Dann die Sahne dazugeben und bei geringer Temperatur ein wenig ziehen lassen. Zum Schluss noch mit ein wenig Parmesankäse würzen.

Weintipp

Südtirol Lagrein Kretzer, Klosterkellerei Muri-Gries, Bozen

Mit ihrem Lagrein Kretzer stellt die Klosterkellerei Muri-Gries einen Rosé zum Genießen her. Das helle Kirschrot verführt auf den ersten Blick und entfaltet ein Duftspiel, das fruchtig-frische Aromen von Kirschen, Himbeeren und roten Johannisbeeren bestimmen. Den Gaumen umspielt der Wein mit schöner Frische und angenehmer Säure, ehe er in einem lang anhaltenden, saftigen Abgang endet.

Graukäse-Terrine auf Ratatouille-Gemüse

Der aus Magermilch hergestellte Graukäse, einst ein Arme-Leute-Essen, zählt heute zu den Delikatessen der Südtiroler Küche und zu den begehrten Slow-Food-Produkten. Gegessen wurde Graukäse klassisch mit Zwiebel, Essig und Öl. Anni Kofler-Werth zaubert daraus eine delikate Graukäse-Terrine, die sie mit leicht mariniertem, lauwarmem Gemüse auftischt.

Für 4 Personen ▲ Zubereitung: 45 Minuten + 2 Stunden Ruhezeit ▲ Kochzeit: 10 Minuten ▲ Schwierigkeitsgrad: mittel

Zutaten

Für Graukäse-Terrine
2 Blatt Gelatine
60 g Graukäse (nicht zu reif)
200 g Naturjoghurt
½ Zitrone
Salz
Pfeffer
125 ml Sahne

Für das Ratatouille-Gemüse
100 g Zucchini
100 g Melanzane (Aubergine)
100 g Peperoni
1 Tomate
Salz
Pfeffer
4 EL Olivenöl extra vergine zum Anbraten
40 ml Olivenöl extra vergine
10 ml Obstessig

Zubereitung

Graukäse-Terrine

Die Gelatineblätter in reichlich kaltem Wasser einweichen. Den Graukäse durch ein Haarsieb streichen. Diesen und den Joghurt in einer Schüssel glatt rühren, mit dem Zitronensaft, Pfeffer und Salz abschmecken. 25 ml von der Sahne auf 60 °C erwärmen, die Gelatine ausdrücken, in der warmen Sahne auflösen und dann zu der Joghurt-Käse-Masse geben. Die restliche Sahne leicht schlagen und unterheben. Die Masse in Formen füllen und mindestens 2 Stunden abkühlen lassen.

Tipp: Die Sahne nicht zu stark schlagen, denn sonst schmeckt die Terrine etwas buttrig.

Ratatouille-Gemüse

Das Gemüse in ganz kleine Würfel schneiden. Das Olivenöl 4–5 Minuten dünsten lassen, mit Salz und wenig Pfeffer würzen. Das Olivenöl und den Obstessig vermischen und das noch warme Gemüse damit abschmecken.

Anrichten

Die Terrine in der Form auf einem flachen Teller platzieren und das Ratatouille-Gemüse daneben anrichten.

Weintipp

Südtiroler St. Magdalener klassisch Huck am Bach, Kellerei Bozen

Die sorgfältig ausgewählten Vernatsch- und Lagrein-Trauben für den St. Magdalener Huck am Bach werden traditionell vergoren und in großen Eichenfässern ausgebaut. Im Glas leuchtet der Wein in kräftigem Rubinrot. An die Nase gelangen Noten von Veilchen und Rosen, von Kirsche und Himbeere, von Bittermandel und Marzipan. Saftige Frische, samtige Fülle und elegante Struktur überzeugen am Gaumen.

Unser Herz schlägt für Kaffee

ZU BESUCH BEI JOSEF GANDER, KUNTRAWANT

»Schon seit 1968 schlägt unser Herz für Kaffee. Unsere Familie eröffnete damals das Café ›Gander‹, ein kleines Kaffeehaus direkt am Dorfplatz von Prad am Stilfserjoch«, blickt Josef Gander zurück. Die Liebe und die Leidenschaft zum Kaffee führten 2013 schließlich zur Eröffnung der eigenen Kaffeemanufaktur Kuntrawant.

Abgeleitet vom italienischen contrabbando, nannten die Vinschger einst das Schmuggeln »kuntrawant«. Kräftige Burschen schleppten – vor allem in der Zwischen- und Nachkriegszeit – bei Nacht und Nebel und oft unter Lebensgefahr Zigaretten, Sacharin und vor allem Kaffee über die Schweizer und österreichischen Grenzen. So kam der erste Bohnenkaffee über die Berge auch in den Vinschgau.

Heute kann man den originalen »Vinschger Schmugglerkaffee« legal und ohne lange Umwege erwerben und genießen – unter den Namen alter Schmugglerpfade wie beispielsweise Uina, benannt nach der schwindelerregenden Uina-Schlucht, die von Schlinig nach Scuol ins schweizerische Graubünden führt.

Im traditionellen Trommelröstverfahren und in kleinen Mengen veredelt Kuntrawant erstklassige Bohnen in zeitaufwendiger Handarbeit zu hochwertigen Kaffeespezialitäten. Höchste Qualität und Frische werden garantiert. Kaffeeröster Josef Gander ist für den richtigen Röstpunkt zuständig und immer auf der Suche nach der idealen Röstkurve für die jeweilige Bohne. Ständig ist er am Tüfteln mit neuen Mischungen und Geschmacksnuancen. »Als kleine Südtiroler Nischenrösterei konzentrieren wir uns auf besondere Raritäten und Spezialitäten aus aller Welt.« An die 30 verschiedene Kaffees präsentiert Kuntrawant heute im Angebot – für Espresso und Filterkaffee selbstverständlich.

In der gemütlichen »Kuntrawant Caffeebar« direkt an der Stilfserjoch-Straße in Prad dreht sich alles um den Kaffee. Hier werden die Kaffeespezialitäten aus aller Welt frisch gemahlen und mit verschiedenen Methoden zubereitet.

KUNTRAWANT
CAFFEE

WORLD SPECIALTY
MAPS

PIA TELCH UND NINA JOCHER

Die Liebe zur Küche und zum guten Essen hat in der Familie Telch/Jocher Tradition. Pia Telch, Jahrgang 1956, ist in Neumarkt im Südtiroler Unterland gemeinsam mit sieben Geschwistern aufgewachsen. Ihre Mutter war eine ausgezeichnete Köchin und tischte täglich für die große Familie auf: gut und viel und gekocht aus dem, was eben so zur Verfügung stand. Das Olivenöl kam von der Tante vom Gardasee und auch sonst waren starke Einflüsse aus der norditalienischen Küche spürbar.
Tochter Nina, Jahrgang 1998, mischte schon als Kind in der Küche gerne mit. »Am liebsten Brot mit Olivenöl zum Frühstück«, erinnert sich Ninas Mutter. Essen und Genuss, das lockte in der Familie alle zu Tisch.
In ihrer Studentenwohnung in Innsbruck freut man sich immer, wenn es nach Ninas Focaccia oder Hefezopf duftet. Gekocht wird meist, was gerade im Kühlschrank ist, am liebsten gemeinsam mit Freund Carlo, beide »di bocca buona« (echte Feinschmecker). Gerne probieren sie Neues aus und lassen sich aus allen Himmelsrichtungen inspirieren.

PIA TELCH UND NINA JOCHER

»Mit einfachen, lokalen und frischen Produkten und einem Trend zur saisonalen italienischen Küche«, beschreibt die Medizinstudentin ihren Kochstil. »Und vor allem: Schmecken soll es!« Inzwischen freut sich Nina Jocher auf die erste selbst gefischte Forelle nach bestandener Fischerprüfung. »Wenn nicht, kommen gegrillte Lammkoteletts, Gemüse oder eine Fiorentina mit Papis Pfeffersauce auf den Tisch«, lacht die junge Hobbyköchin.
Lieblingsgericht Pia: Lammkotelett mit gegrilltem Gemüse
Lieblingsgericht Nina: Pizza vom Holzofen

Teigtaschen mit Topfen, Petersilie, geschmorten Tomaten und Almkäse

Die klassische und traditionelle Form der Südtiroler Teigtaschen sind die Schlutzkrapfen – mit Topfen und Spinat gefüllt. Die italienische Küche kennt eine Vielzahl an Teigtaschen-Gerichten in Form von Ravioli, Agnolotti und Mezzelune bis hin zu den Tortelloni und Cappelletti. Pia Telch und Nina Jocher präsentieren ihre Dinkelteigtaschen mit Topfen, Petersilie, geschmorten Tomaten und würzigem Almkäse.

Für 4 Personen ▲ Zubereitung: 1 Stunde + 1 Stunde Ruhezeit ▲ Kochzeit: 10 Minuten ▲ Schwierigkeitsgrad: mittel

Zutaten

Für die Füllung
200 g Topfen (Quark)
1 Bund Petersilie
1 Ei
etwas Muskatnuss, gerieben
Salz
Pfeffer

Für den Teig
100 g Dinkelmehl
75 g Hartweizengrieß
2 Eier
Olivenöl extra vergine
Salz
Pfeffer

Für die Garnitur
2 Zehen Knoblauch
20 Cocktailtomaten
Olivenöl extra vergine
Salz
Pfeffer

würziger Almkäse

Zubereitung

Füllung
Die Petersilie fein hacken und mit den restlichen Zutaten gut vermischen.

Teig
Alle Zutaten gut vermischen, salzen, pfeffern und zu einem geschmeidigen Teig kneten. Diesen in Klarsichtfolie wickeln und 1 Stunde im Kühlschrank ruhen lassen. Den Teig mit der Nudelmaschine zu dünnen Teigblättern ausrollen und daraus 6–7 cm große Kreise ausstechen. Auf die Hälfte der Kreise mit einem Teelöffel in der Mitte jeweils eine Portion der Füllung platzieren. Die Ränder mit etwas Wasser befeuchten und ein zweites Teigblatt darauflegen. Mit einer Gabelspitze die Ränder gut andrücken.

Garnitur
Die Knoblauchzehen in etwas Olivenöl goldbraun rösten und dann entfernen. Die Tomaten halbieren und im Öl zehn Minuten schmoren. Mit Salz und Pfeffer würzen.

Anrichten
Die Teigtaschen in kochendem Salzwasser 3–4 Minuten kochen, dann mit einem Schaumlöffel aus dem Wasser heben, abtropfen lassen, auf einem Teller anrichten und mit den geschmorten Tomaten, etwas geraspeltem Almkäse und einigen Petersilienblättern garnieren.

Weintipp

Südtirol St. Magdalener Rondell, Franz Gojer Glögglhof, St. Magdalena

Der St. Magdalener Rondell vom Glögglhof in St. Magdalena ist mit seinem kräftigen Rubinrot ein frischer, fruchtig-saftiger und sehr zugänglicher Wein, der auch am Gaumen mit dichter, würziger Struktur, engmaschigen Gerbstoffen, einem spannenden Säurespiel und lang anhaltendem Abgang überzeugt. Ein einladender und ausgezeichnet frisch-fruchtiger Begleiter zu diesen Teigtaschen.

Focaccia mit Kartoffeln, Mozzarella und Speck

Focaccia, das beliebte Fladenbrot aus Hefeteig, Gewürzen und Olivenöl stammt ursprünglich aus der ligurischen Küche und erfreut sich immer größerer Beliebtheit. Die Zubereitung ist einfach. Und eine Focaccia ist ein idealer Snack für zwischendurch, passt zur Vorspeise oder als Beilage. Wenn es nach Ninas Spezial-Focaccia duftet, dann rinnt einem gleich das Wasser im Mund zusammen.

Für 6–8 Personen ▲ Zubereitung: 2,5–3 Stunden (mit Ruhezeit) ▲ Kochzeit: 15 Minuten
Schwierigkeitsgrad: leicht

Zutaten

Für den Teig
500 g Mehl (250 g Weizenmehl, 250 g Vollkorn-Dinkelmehl)
10 g Hefe (ca. ½ Würfel)
1 TL Zucker
2 EL Olivenöl extra vergine
1 TL Salz

Für den Belag
200 g Kartoffeln, vorgekocht (ca. 5 Minuten)
250 g Mozzarella
90 g Südtiroler Speck, dünn geschnitten
Rosmarin
Salz
Pfeffer
Olivenöl extra vergine

Zubereitung

Teig
Beide Mehlsorten vermischen und in der Mitte eine Mulde bilden. Etwas lauwarmes Wasser und den Zucker in einer Tasse vermischen, die Hefe darin auflösen und in die Mulde zum Mehl geben. Mit einem Tuch zugedeckt 5 Minuten gehen lassen. 350 ml lauwarmes Wasser, Olivenöl und Salz untermischen und in der Küchenmaschine zu einem Teig verkneten.
Den Teig etwa 2 Stunden bei Zimmertemperatur zugedeckt ruhen lassen, bis er die doppelte Menge erreicht hat. Nun auf eine bemehlte Arbeitsfläche stürzen und in zwei Teile halbieren.
Jede Teighälfte mit bemehlten Händen dünn auseinanderziehen, auf ein mit Backpapier belegtes Blech legen und nochmals 10 Minuten gehen lassen.

Belag
Die Kartoffeln in dünne Scheiben schneiden. Den Teig mit den Kartoffelscheiben, der kleingeschnittenen Mozzarella und den Speckscheiben belegen, mit Rosmarin, Salz und Pfeffer würzen und zum Schluss etwas Olivenöl daraufträufeln. Im vorgeheizten Ofen bei 240 °C 12–15 Minuten backen.

Anrichten
Die Focaccia auf ein Holzbrett geben, in Stücke teilen und warm (oder kalt) servieren.

Weintipp

Südtiroler Pinot Grigio Opes, Weingut Ritterhof, Kaltern

Die Trauben für diesen besonderen Pinot Grigio werden nach einer kurzen Maischestandzeit sanft abgepresst und reifen sechs Monate lang auf der Feinhefe in französischen Eichenfässern. Der Wein besticht durch vielschichtige Fruchtnoten von reifen Birnen und präsentiert sich gut strukturiert, mit eleganter Fülle, einem ausgewogenen Fruchtsäurespiel und angenehmer Würze.

Eine Pizza darf nicht fehlen

RAFFAELLA FUSARI

Italien ohne Pizza – nicht auszudenken! Und das gilt auch für Südtirol. Pizza gehört heute zum Südtiroler Speiseplan genauso wie Knödel und Spaghetti. In jedem Südtiroler Dorf laden Pizzerien – über 300 sind es im gesamten Land – zu einer der liebsten Freizeitbeschäftigungen von Einheimischen und Gästen ein: zum Pizzaessen.

Aber Pizza ist nicht gleich Pizza, Pizzeria nicht gleich Pizzeria. Das spürt man spätestens dann, wenn man sich nachts im Bett von der einen auf die andere Seite wälzt und den Teigfladen nur schwer verdauen kann.

Was aber ist das Geheimnis einer guten und gesunden Pizza? Der Teig! Auf den Teig und auf eine lange Gärzeit kommt es an – neben den richtigen Zutaten natürlich. Eine lange Gärzeit fördert den Geschmack und garantiert eine problemlose und gesunde Verdauung. Teigvariationen mit Vollkorn-, Kamut- oder Dinkelmehl oder Pasta Arsa bereichern die Pizza-Vielfalt.

Bei den Zutaten setzen die Südtiroler neben den Klassikern alla Pizza Margherita auf Abwechslung und Variationen mit heimischen Zutaten. Diese reichen von der Bauernpizza mit Speck und Graukäse über die Jägerpizza mit frischen Pilzen und Wildschinken bis zur Törggelepizza mit Sauerkraut und Hauswurst.

Pizzateig-Grundrezept

Wenige Zutaten, von bester Qualität natürlich, und genügend Zeit – mehr braucht es nicht für einen guten Pizzateig.

Zubereitung: 30 Minuten ▲ Ruhezeit: mindestens 24–36 Stunde ▲ Schwierigkeitsgrad: leicht

Zutaten

1 kg Pizzamehl (oder Weizenmehl Typ 0)
5 g Trockenhefe (Bierhefe)
600 ml lauwarmes Wasser
30 g Salz
1 EL Zucker
2 EL Olivenöl extra vergine

Zubereitung

600 g Mehl in eine große Rührschüssel geben. Die Hefe, Salz und Zucker in 600 ml lauwarmem Wasser gut verrühren und dann gemeinsam mit dem Mehl zu einem Vorteig verrühren. Den Vorteig mit einem feuchten Küchentuch abdecken und 30 Minuten ziehen lassen.

Den Teig nach der ersten Ruhezeit mit der Hand oder in einem Küchenmixer mit Knethaken einige Minuten kneten und das Olivenöl untermischen. Die restlichen 400 g Mehl nach und nach dazugeben und weitere 5 Minuten gut durchkneten, bis der Teig eine schöne glatte Oberfläche hat und keine Teigreste mehr an der Rührschüssel hängen.

Den Teig zu einer Kugel formen, in eine bemehlte Rührschüssel geben, mit einem feuchten Küchentuch abdecken und mindestens 24 Stunden gehen lassen. Anschließend kühl und dunkel im Kühlschrank lagern. Je länger der Teig ruhen kann, umso besser wird er.

Den Teig 2 Stunden vor der Zubereitung aus dem Kühlschrank nehmen und bei Raumtemperatur nochmals gehen lassen. Dann auf einer bemehlten Arbeitsfläche in 200–250 g große Stücke teilen. Diese zu Kugeln formen, wieder mit einem Tuch bedecken und weitere 30 Minuten ruhen lassen.

Dann kann der Teig ausgerollt oder ausgezogen werden. Die Kugel wird mit den Händen zu einem runden und dünnen Teig flach gedrückt. Dabei immer wieder Mehl unter den Teig streuen und diesen durch Drücken von innen nach außen auf einen Durchmesser von etwa 30 cm formen.

Nun kann die Pizza je nach Geschmack belegt werden. Auf die klassische Pizza Margherita aus Neapel beispielsweise gehören nur selbst gemachte Tomatensauce (San Marzano), Mozzarella fior di latte oder Büffelmozzarella sowie einige frische Basilikumblätter zum Abschluss.

Die belegte Pizza im vorgeheizten Backofen bei 250 °C Ober- und Unterhitze je nach Belag etwa 12–15 Minuten knusprig backen. Bei Umluft sollte die Temperatur mindestens 230 °C betragen. Bei der Verwendung eines Pizzasteins verkürzt sich die Backzeit auf 4–6 Minuten. Der Stein braucht allerdings etwa 45 Minuten, bis er die richtige Temperatur erreicht hat.

Pizza mit Sauerteig

Eine gesunde und schmackhafte Variante

Zubereitung: 20 Minuten ▲ Ruhezeit: 36 Stunden ▲ Schwierigkeitsgrad: leicht

Zutaten

240 g Weizenmehl (Typ 0)
240 g Weizenmehl (Typ II, Vollkorn)
60 g Hartweizengrieß
60 g Dinkelmehl
120 g Sauerteig
450 ml lauwarmes Wasser
30 ml Olivenöl extra vergine
30 g Salz

Zubereitung

Sämtliche Zutaten mit 450 ml lauwarmem, leicht gesalzenem Wasser gut vermischen und zu einem geschmeidigen Teig kneten. Diesen 36 Stunden ruhen lassen, die ersten 20 Stunden im Kühlschrank, die restlichen 16 Stunden bei Zimmertemperatur.

Die Pizza wie auf Seite 213 beschrieben zubereiten.

Weintipp

Südtiroler St. Magdalener klassisch, Ansitz Waldgries, Christian Plattner, St. Magdalena/Bozen

Ein kühles, gepflegtes Bier passt natürlich immer zu einer guten Pizza. Am liebsten trinkt der Autor dazu aber einen frischen, fruchtigen und kühl servierten Südtiroler Vernatsch. Der klassische St. Magdalener vom Ansitz Waldgries verführt durch sein mediterranes Flair und seinen charmanten Charakter. Rote Früchte, Kirsche und Himbeere sowie feine Mandelnoten prägen die Nase; elegante Gerbstoffe sowie eine rassig-saftige Struktur und ein harmonisch-frisches Finale den Gaumen.

Venustis – ein Erlebnis für alle Sinne

ZU BESUCH BEI THOMAS TAPPEINER

»Als Kinder verkauften wir die süßen Früchte des nahe gelegenen Marillenangers an der Straße bei der St. Markuskirche an vorbeifahrende Gäste und Einheimische«, erinnert sich der Laaser Thomas Tappeiner. »Das Taschengeld war der Lohn für das mühevolle Pflücken und die Motivation für das Verkaufen.«
Während seiner Tätigkeit als Kaufmann im elterlichen Betrieb vertiefte Thomas Tappeiner die große Leidenschaft – zum weißen, edlen Laaser Marmor auf der einen und zum leuchtenden Orange der Vinschger Marille auf der anderen Seite.
Der junge Unternehmer arbeitet an verschiedenen Initiativen und Projekten mit – unter anderen beim bekannten alljährlichen Laaser Kultur-Festival »marmor&marille«. All dies führte schließlich 2003 zur Geburtsstunde der Firma Venustis. Der Vinschgau wurde schon in der Antike als das Land der Venosten bezeichnet.
Thomas und Michaela Tappeiner setzten sich von Anfang an zum Ziel, aus den Früchten des Vinschgaus besondere Qualitätsprodukte herzustellen und diese am Markt zu positionieren. »Die Marille ist die Frucht der Verführung, die Schokolade das Gold der Götter. Der süß-saure Geschmack der Vinschgauer Marille in Verbindung mit der besten Schokolade wird hier zu einem harmonischen Geschmackserlebnis«, freut sich Thomas Tappeiner.
Qualität ist kein Zufall, sie ist immer das Ergebnis eines ganzheitlichen und nachhaltigen Prozesses mit überzeugter Liebe zum Detail. Inspiriert durch die Natur und mit dem Bestreben, etwas Besonderes aus den heimischen Früchten zu machen, hat Venustis im Laufe der Jahre zahlreiche süße Köstlichkeiten kreiert, die Geschichten erzählen. Thomas Tappeiner zählt auf:

» Die Geheimnisse des weißen Steins eröffnen sich in unseren Fruchtschokoladen, allen voran in unserer Vinschger Marillen-Schokolade, oder in der Variation mit Marille und Whisky, in unseren Südtiroler Bergpralinen und ganz besonders in unseren süßen Laaser Marmorwürfeln.«

Venustis

Adressen (in der Reihenfolge der Nennung im Buch)

Restaurant »AO«, Haller
Levin Grüten und Simon Pichler
Weinbergstraße 68, 39042 Brixen
Tel. +39 0472 834601
www.byhaller.com

Bauern-Gasthof »Kircherhof«
Wolfgang Schmidl
Albeins 12, 39042 Brixen
Tel. +39 0472 85 10 05
www.kircherhof.it

Sektkellerei Comitissa
Lorenz Martini
Pranzollweg 2d, 39057 Girlan
Tel. +39 0471 664
https://lorenz-martini.jimdofree.com/

Restaurant »Alte Post«
Arno Baldo
Rathausplatz 7, 39040 Tramin
Tel. +39 0471 1885636
www.alte-post-tramin.com

Restaurant »1524«, Rungghof
Manuel Ebner
Runggweg 26,
39057 Girlan/Eppan an der Weinstraße
Tel. +39 0471 665854
www.1524.it

Obertimpflerhof
Franz Innerhofer
Vöranerstraße 90/1, 39010 Vöran
Tel. +39 335 7502249
www.obertimpfler.net

Restaurant »Jora Mountain Dining«
Markus Holzer
Am Erschbann 6, 39038 Innichen
Tel. +39 335 6561256
www.jora.it

Hofkäserei Veiderhof
Paul Peter Weitlaner
Hieblerweg 1
39038 Vierschach
Tel. +39 0474 910032

Restaurant »Tilia«
Chris Oberhammer
Dolomitenstraße 31#b, 39034 Toblach
Tel. +39 335 8127783
http://tilia.bz

Römerhof
Mariagrazia und Christian Giovanett
Andreas-Hofer-Straße 48, 39040 Tramin
Tel. +39 339 5955989

Restaurant »Annona« – Alpine Cuisine
Patrick Unterrainer
Industriestraße 2, 39032 Sand in Taufers
Tel. +39 0474 652274
www.annona-restaurant.com

Oberweidacherhof
Stefan Rottensteiner
Weidacherweg 1, 39054 Klobenstein/Ritten
Tel. +39 348 7492251
www.wagyu.bz.it

Restaurant »Kleine Flamme«
Burkhard Bacher
Neustadt 31, 39042 Sterzing
Tel. +39 0472 766065
www.kleineflamme.com

Weingut Nicolussi-Leck
Jakob Nicolussi-Leck
Kreith 2, 39052 Kaltern am See
Tel. +39 338 2963793
https://kreithof.it

Gasthof Restaurant »Jäger«
Guntmar Öttl
Apolloniaweg 5, 39010 Sirmian/Nals
Tel. +39 0471 678605
www.gasthof-jaeger.com

Restaurant »1477 Reichhalter«
Andreas Heinisch
Metzgergasse 2, 39011 Lana
Tel. +39 0473 563028
www.1477reichhalter.com

Vinschger Bauern-Sauerkraut
Herbert Lechner
Dr.-F.-Tappeiner-Gasse 1, 39023 Laas
Tel. +39 0473 626528
www.lechnerkraut.com

Restaurant Vinum-Hotel »Muchele«
Evelin Frank
Maiergasse 1, 39014 Burgstall
Tel. +39 0473 291135
www.muchele.com

Puschtra-Brot
Bernhard und Matthias Feichter
Feichterhof, Zipfanger Straße 1,
39034 Toblach
Tel. +39 0474 972324
www.brotklee.it

Wirtshaus »Zur Blauen Traube«
Christoph Huber
Alte Landstraße 44, 39022 Algund
Tel. +39 0473 447103
www.blauetraube.it

»Schlosswirt Forst«
Luis Haller
Vinschgauer Straße 4, 39022 Algund
Tel. +39 0473 260350
www.schlosswirt-forst.it

Südtiroler Kräuterrebellen
Lorenz Borghi und Leander Regensburger
Ennewasser/Trattla Nr. 246, 39020 Martell
Tel. +39 339 4526520
http://www.rebellen.it/

Restaurant »Flurin«
Thomas Ortler
Laubengasse 2, 39020 Glurns
Tel. +39 0473 428136
www.flurin.it

»Der Mohrenwirt«
Roland Prieth
Burgeis 81, 39024 Mals
Tel. +39 0473 831223
www.der-mohrenwirt.com

David's Goashof
David Perathoner
Tanirz 2#F, 39040 Lajen
Tel. +39 335 5425828
www.goashof.it

»Gostner Schwaige«
Franz Mulser
Saltriastraße 13, 39040 Seis am Schlern
Tel. +39 347 8368154
www.aussergost.com/de/gostner-schwaige

Schwarzbrennerei
Manuel und Christian Schwarz
Möltnerstraße 29, 39010 Mölten
Tel. +39 340 7621149
www.schwarz-brennerei.it

Kaffeerösterei Kuntrawant
Josef Gander
Mühlbachgasse 23,
39026 Prad am Stilfserjoch
Meranerstraße 29/2, 39011 Lana
Tel. +39 334 5948859
www.kuntrawant.com

Venustis
Thomas Tappeiner
Vinschgaustraße 10, 39023 Laas
Tel. +39 0473 626585
www.venustis.it

Register der Rezepte

Dank | Autor | Fotograf

HERZLICHEN DANK

Autor und Fotograf bedanken sich bei allen Beteiligten für ihre Mitarbeit an diesem Werk, für die gute Zusammenarbeit sowie die bereitwillige Zurverfügungstellung der Rezepte. Herzlichen Dank an alle für die vielen kulinarischen Highlights, für die spannenden Begegnungen, für die gemeinsamen Erlebnisse und Entdeckungsreisen durch eine neue Südtiroler Küche zwischen Tradition und Moderne.

AUTOR

Herbert Taschler

Herbert Taschler, gebürtig in Toblach im Südtiroler Pustertal und seit drei Jahrzehnten im Südtiroler Überetsch wohnhaft, bereist seit Jahren die italienische Halbinsel von Norden nach Süden und beobachtet vor allem die Wein- und Gastronomieszene sehr aufmerksam. Als freier Autor, Fachpublizist, Gastrosoph und Sommelier schreibt er für verschiedene Medien, unter anderen für den »Gambero Rosso«, Italiens tonangebenden Wein- und Restaurantführer.

FOTOGRAF

Udo Bernhart

Udo Bernhart arbeitet seit mehr als 40 Jahren als freier Fotograf und Fotojournalist. Seine Fotografien wurden bereits in zahlreichen Büchern zum Thema Südtirol veröffentlicht. Im Christian Verlag hat er die Fotografie der Bücher »Das neue Südtirol«, »La Cucina Sarda« und »Weihnachten in den Alpen« gemacht.

Impressum

Verantwortlich: Sonya Mayer
Texte und Rezepte: Herbert Taschler
Fotografie: Udo Bernhart
Umschlaggestaltung: Regina Degenkolbe
Design & Layout: Helen Garner, Art und Weise
Repro: LUDWIG:media
Korrektorat: Christiane Gsänger
Herstellung: Bettina Schippel

Printed in Slovakia by Neografia

Bildnachweis
Alle Fotografien des Umschlags und des Innenteils stammen von Udo Bernhart, mit Ausnahme von: Hintergrund des Umschlags (Papierstruktur): Shutterstock/Paladin12 und der Bilder auf Seite 120–121, diese stammen von Vinschger Bauern Sauerkraut, Herbert Lechner
Illustration Weinglas: Shutterstock / Xeyal Yaqubov

★★★★★

Sind Sie mit diesem Titel zufrieden? Dann würden wir uns über Ihre Weiterempfehlung freuen. Erzählen Sie es im Freundeskreis, berichten Sie Ihrem Buchhändler oder bewerten Sie bei Onlinekauf. Und wenn Sie Kritik, Korrekturen, Aktualisierungen haben, freuen wir uns über Ihre Nachricht an: Christian Verlag, Postfach 40 02 09, D-80702 München oder per E-Mail an lektorat@verlagshaus.de

Unser komplettes Programm finden Sie unter: www.christian-verlag.de

Alle Angaben dieses Werkes wurden vom Autor sorgfältig recherchiert und auf den neuesten Stand gebracht sowie vom Verlag geprüft. Für die Richtigkeit der Angaben kann jedoch keine Haftung übernommen werden, weshalb die Nutzung auf eigene Gefahr erfolgt. Sollte dieses Werk Links auf Webseiten Dritter enthalten, so machen wir uns die Inhalte nicht zu eigen und übernehmen für die Inhalte keine Haftung.

In diesem Buch wird aus Gründen der besseren Lesbarkeit das generische Maskulinum verwendet. Weibliche und anderweitige Geschlechteridentitäten werden dabei ausdrücklich mitgemeint, soweit es für die Aussage erforderlich ist.

Die Deutsche Nationalbibliothek verzeichnet diese Publikation in der Deutschen Nationalbibliografie; detaillierte bibliografische Daten sind im Internet über http://dnb.d-nb.de abrufbar.

ISBN 978-3-95961-553-2

Ebenfalls erhältlich ...

ISBN 978-3-95961-183-1

ISBN 978-3-95961-241-8

ISBN 978-3-95961-360-6

ISBN 978-3-95961-358-3